找回在爱中迷失的自己

别跟幸福较劲

赵广娜 / 著

文匯出版社

图书在版编目（CIP）数据

别跟幸福较劲/赵广娜著.-上海：文汇出版社，
2013.9
ISBN 978-7-5496-0940-6

Ⅰ.①别… Ⅱ.①赵… Ⅲ.①幸福－通俗读物
Ⅳ.①B82-49

中国版本图书馆CIP数据核字（2013）第144984号

别跟幸福较劲

作　　者 / 赵广娜
责任编辑 / 乐渭琦
特约编辑 / 常军妮　瑞　霞
装帧设计 / 多多设计

出 版 人 / 桂国强
策　　划 / 新萌文化

出版发行 / 文匯出版社
上海市威海路755号
（邮政编码200041）
经　　销 / 全国新华书店
印刷装订 / 茂名市永达印刷有限公司
版　　次 / 2013年9月第1版
印　　次 / 2013年9月第1次印刷
开　　本 / 889×1194　1/32　字数 / 240千　印张 / 9

书　　号 / ISBN 978-7-5496-0940-6
定　　价 / 28.00元

Contents
[目录]

PART 06 较劲也要有效率：爱人之间不可不知的吵架原则

PART 07 吵架也是分段位的：这些错误千万不能犯

PART 08 我们和好吧：跟谁较劲，别跟幸福较劲

PART 1 一对一的致命攻击：为什么越是相爱，越是相互伤害

真相：吵架本质是一种“杀熟”行为

女人喜欢被宠，被哄，被捧在手心里，被抱在胸怀里。男人喜欢被崇拜，被哄抢，被一个女人依靠。

女人要的是安全感，男人要的是实在感。

安全感决定了女人的心思总是放在男人身上，实在感决定了男人的心思总是放在事情上，这事情涵盖范围很大，当然包括女人。

男人与女人不同的生理结构导致了男女思维的特性与方式不同。

男人的扩散性思维令男人看事物更具有宽广性和深远性；而女人的集中性思维则使女人看事物更专注，更重视细节性。

爱情中，女人的安全感从男人身上获得，获得的手段以交流为主。

女人们总是以纠结许多细小零碎的问题来引起男人的重视，

男人们总是觉得女人在故弄玄虚、胡搅蛮缠、没事找事！

这就注定了男女争吵的内容不会那么有营养，却“此恨绵绵无绝期”！

有调查显示，情侣间的吵架，绝大部分是鸡毛蒜皮的小事。但因这些小事而导致分手的，却多得不胜枚举。

那天，参加某朋友的朋友的生日 Party，原本我不过是跟着捧场，凑凑热闹。事实上，这次的热闹却凑得实在不巧。

派对进行到一半，寿星和他女朋友就开始了争吵。刚开始是低头小吵，随后变成大声争执，到后来，女友怒摔东西，愤然离场。所有人都看着男人，看他会作何反应，以为他会追出去。

可是他没有。

悲愤的寿星搓着手掌，痛苦异常地说：她总是喜欢无理取闹！

我直接问他，他指的女友“无理取闹”是什么意思？

他开始跟我倾诉。

譬如，一早，她就坐到他身上，揪起他的耳朵，要他说一百次“我爱你”，就因为头晚他无意中说梦话，念叨了初恋的名字。

譬如，她生日那天，他忙工作晚归，却找不见她的踪影，打了 N 次电话，才知道，她在酒吧里请所有男同事彻夜喝酒！

譬如，上星期，他心情不好，对她说话语气重了，她发起火来，把他的笔记本电脑藏进冰箱冷冻室里，致使他电脑里的所有重要资料和文件都冻成了“雪碧”。

朋友的朋友告诉我，每次出了事情，他都竭力抑制情绪不想跟她吵，想通过讲道理、摆事实的方式来说服她安静，后来连心理医生的职业说辞都用上了，还是没有用。

他问我，说梦话谁控制得了。他拼命工作还不是为了给上司一个好印象，还不是他想早些做出成绩，买房买车娶她！可她就是这么不讲理！只要有什么不顺她心意的，丁点大的事情她都跟他吵！真是莫名其妙！

我忍不住发笑，问他：爱情需要讲理吗？

爱情不是诉讼法案，不是计算机程序，更不是售后服务部！

爱情不讲理，更没有道理可讲！

爱一个人接受的不只是她给你的好，还有她给你的“坏”。这个“坏”里面，当然包括荷尔蒙主宰的情绪挑战。

一个爱你的女人，或许不会因为门口堆积如山的垃圾袋跟邻居争吵，却很可能因为你扔在地板上半天不洗的臭袜子而停了你当天的晚餐。

一个爱你的女人，或许不会为了50元假钞跟摊主大吵特吵，却可能因为你买了比以往便宜5毛钱的卫生巾而让生理期的激素大肆波动，跟你对着干！

有人说，爱情让人智商倒退，其实同样倒退的还有情商。

恋情甜蜜的时候，男女间的博弈，或许还有那么点意犹未尽地相互引逗，动辄使出些许手段一试对方的情商，可是甜蜜期一过，小革命歌曲就奏响了！

男人开始忙碌，对女人有了忽略；女人开始警醒，对男人有了计较。

吵架应运而生。

在外人眼里，她可以是温文淑女；但在你面前，她放松、真实，还带着点并非良家妇女的痞子味，敢给你看素颜，敢给你摆臭脸，敢对你说五个字以上的脏话，敢在你面前正气浩然地看毛片！

悲愤时，她随手拿起一样东西就掷出窗外！

你惹她生气时，她敢用一整杯的鲜牛奶泼你这个一米八五的健硕肌肉男！

换个人，她敢吗？！

她用坏脾气、坏情绪来挑战你的承受底线，或是激发你的反应弧运转速度，你要问为什么，我只能告诉你，因为她跟你熟。

因为跟你熟，她便仰仗你们之间的柔情蜜意、细腻温存对你为所欲为。

这种仰仗，是好的，也是坏的。

就像小孩子摆弄着手里的玩具枪，很刺激，很有趣，可若是真的开枪伤了人，就不好玩了！

我不在乎你，才懒得跟你吵；我跟你吵，是向你证明我有多重要。

这种证明方式，显然是闪着火花的导火索，既美丽又刺激，带着高系数危险的悬疑。

不然怎么有首歌就唱，“我最深爱的人，伤我却是最深”。

成也是它，败也是它。

情侣之间的 PK，男人取胜靠体力，女人取胜靠心计；男人用体力证明实力征服女人，女人用心计来套牢男人。

女人管不住嘴，心计浅又爱冒险，所以千万别把吵架当成管束男人的利器，否则，那样只会让你越“杀熟”，“杀得”男人对你越“不熟”。

适度的争吵与伤害，正是试探爱的手段

我曾感受过中医按摩的魅力。

穿着白大褂的按摩师，大手指在我身上一按，我惨烈的叫声险些让隔壁床上的闺蜜误以为我遭到了暗杀！按摩师的手法真是厉害，按穴位按得准，力道也狠！我疼得满头大汗，按摩师也忙得满头大汗。

虽然当时的按摩让我疼痛不已，但当我离开中医馆后，却深切地感到，当时被按得疼痛的地方，之后却让我感到异常舒服。

我还记得，按摩中按摩师给我讲解了“不通则痛”的道理。按哪个穴位痛，就说明哪个穴位不通，穴位不通，脉络阻滞，长此以往，就会在体内种下各种健康隐患，而这正是造成现代人呈现大比例亚健康状态的主要原因。

人体的健康需要脉络畅通，男女之间的情感又何尝不需要如此呢？

前不久，我接过这样一个案例。

一位姓张的先生刚走进我的咨询室，就给我一种乌云盖顶的感觉。

他说的第一句话令我印象深刻——我的女友是疯子。

我问他为何这样说，有什么依据。

他给我举了几个例子，譬如：他怕吃辣的，女友却总是在给他做的三明治上抹很多辣椒酱；他好几次从不同的上衣口袋里摸到女友偷偷放进去的保险套；女友会忽然大半夜跑出去给他打电话，叫他五分钟之内开车接她回去。

还有，上个星期女友过生日，在他家办生日派对，请来了不少朋友和同事。派对结束时，女友送给每个人一张卡片，卡片上居然黏贴着他与她只穿着内裤的床照！这令一向很注重交际形象的他崩溃了一个多月！

更令他吃不消的是，前不久，他刚准备参加一次很重要的会议，女友打来电话，告诉他，她正在欣赏某处美丽清新的田园风光，如果他想拿回那份策划书，就要答应陪她在这里度假一星期，不然，他就别想知道策划书在哪里！

他慌忙翻开自己准备了一个月的策划书，发现果然被女友掉了包！

当然，为了开会，他服软了，马上答应她的要求。随后女友告诉了他策划书的藏身之处，可是最终他还是因为交通堵塞错失了良机，结果被上司狠批一通！最让他痛心的是，上个月，上司还找他谈话，有意升他的职，这次失误令他的升职梦彻底破碎了！

那天，他们大吵了一架，女友哭哭啼啼地从公寓里跑出去，不一会儿，又哭哭啼啼地跑回来。

从那以后，女友的疯狂变本加厉，一天，他突然发现，他手机里所有女同事的电话都被女友删除了！

他拿着手机质问女友，女友理直气壮地告诉他，这是为了保卫爱情！

他真的要被女友逼疯了！

我禁不住问张先生：除了那次因为策划书发生的激烈争吵，你是如何应对女友前面那些行为的？

他皱着眉，哀叫着：忍哪！谁叫她调皮，没分寸，是小孩性格！我总不能跟她一样胡闹！

我不禁也想叫出来：哦！天哪！不胡闹，难道就不交流吗？

人的忍耐力是有限的，再悲苦再能隐忍如祥林嫂，忍多了，崩溃了，也会挥斧砍那土地庙的高门槛。

其实在我听来，张先生的女友带着点泼辣、野性、小疯狂与小可爱。事实上，像她这种喜欢给情人一点小痛苦、小焦灼、小折磨的心理，每个女子从青春期，甚至过了哺乳期都会有的。这样的女友放在影视剧里一定很出彩，当然放在现实生活中，处理不好就会徒增许多意外和烦恼。张先生就是这样的例子。

男人有度量、懂忍让，这是优点，但这不等于你要做一根干燥绝缘的爱情木头。

你以为，自己干燥了、绝缘了就真的和谐了？事实上，这种状态一点都不靠谱，说不准哪天，天干物燥，你自己就先燃烧起来了！

当你的情人跟你调皮，要脾气，搞破坏，玩猜忌，甚至设置迷局，搞周边清扫，你却自始至终都像结实的钢筋混凝土一样连一道缝都不开，请问，你的情商究竟跑到哪儿去了？！

爱情是两人心理碰撞越激烈才越融和的对手戏，彼此不该为了和谐融洽而失掉了相互间的互动联系。

她用辣椒酱辣你，你就在她面前装可怜、博同情，或者跑过去对她小小惩罚。她把保险套塞得每个口袋都是，你就认为那是她给你的性暗示，晚上可以主动突击她。

当你的情人频频出招，而你却缩在一角，她的小刺激小疯狂没能达到试探效果，那么好，下一次，再下一次，她所要做的就很容易超出你可能接受的范畴，那么争吵在所难免，因此分手也并不为奇。

我们往往以为，对于爱情，最可怕的是失去，其实，多少无疾而终、有疾而终的感情都告诉我们，不冷不热、不痛不痒、波澜不惊，才是一段爱情最致命的隐伤。

爱情需要互动，需要情趣，甚至为了互动与情趣，有事没事地我刺激你一下、你折磨我一下，来来往往，才会越发觉得，彼此是如此相爱，如此在乎对方。

否则，哪一天，我们都不疼不痒了，就像是不知道自己身上多少个穴位经络已经出现了“不通则痛”的情形，那我们的爱情就距离生病不远了。

这时候，我们急需的是，相互点点穴，按一按。

点得准与不准，点轻了或重了，都不必着急，久病还能成医呢。身体的穴位多，情感的穴位更多，你不可能每次尝试都失败，更不可能你的每次付出都令对方觉得你古怪。

相爱需要缘分，相处需要勤奋。

爱是个动词。

你要爱，就要去 do。而且还要保证，你与她（他）都在 doing，do 得默契。

当你说出一句“我爱你”的时候，那或许只是一瞬间荷尔蒙的迸发与撞击在你与他之间激起的无比璀璨梦幻的烟花。

可是烟花过后，你和对方就要逐渐确定、增进这份感情，耍耍手段如小争吵或者小伤害，是必不可少的感情显影剂。

生活中不会时时刻刻充满惊喜，所以时间久了，爱情里总会缺少那么点魔力。

你若是因为懒或者自以为是地做个木头人，那就别怪对方真把你当成木头，铺在路上，当作枕木，而他（她）随时准备迈出出轨那条腿！

争吵也好，伤害也罢，不过都是为了证明对方对你的爱！就像按摩师点按你的穴位，刺激你的痛感，为的是让你全身的经脉畅通，而不是真的要把你剥皮断骨，搞得血肉模糊！

争吵与伤害，确是一段感情里灵验的试剂，但却不是万能灵药，适当恰当地用，可以促进感情升温，不分轻重地大剂量使用则往往适得其反，会令对方觉得你是个疯子、猜忌狂、妄想症患者！

过多的争吵，过重的伤害，是爱情里万万要不得的！

达不到你的期望值？可能是你太贪心了

周末打开电子邮箱，收到好友表妹艾利的 E-mail。这封信的内容，堪比证券分析报告，分析对象正是被她暂定为未来老公的现任男友，与之并行参比的另外几人包括她同事的男友、同学的老公、朋友的情人，还有几个对她仍不死心的追求者。

艾利说男友没有某同学的男友上进，没有某同事的准老公职位高，没有小意聪明，做事没有邢先生灵活，没有万先生有魄力、有手腕，没有蒲总交际广，没有汪经理口才棒……总之，艾利用别人的优点，将男友对比得体无完肤，一无是处。

随后，她爆出一句惨烈哀号：他怎么这么多缺点？

我盯着眼前的各种比较，真想尖叫！

其实艾利的男友，我也见过几次，印象中是个干干净净、有气质有素质的男子，从事一份体面而高薪的工作，会做日韩印三国料理，会说英法德三门外语，对艾利亦体贴入微，说话从来都是温声细语。两人站在一起也是一对璧人，般配得像时下言情偶像剧里的男女主角。

没想到，艾利居然还有这么多的不知足。

从信中不难看出，艾利的不知足源于她喜欢跟周围各种所谓完美的标榜比较，结果比来比去，觉得自己男友各方面都不如人家，所以她对这份感情开始抱有怀疑。

女人是个喜欢钻牛角尖的动物，因为她喜欢细化问题，认为只有甄别每一点，才不容易失去获胜的战局。而男人刚好相反，男人很少钻牛角尖，男人喜欢概化问题，认为把握全局，就把握了主动。

当然，两种思维模式各有利弊。

女人钻了太多的牛角尖，守住太多芝麻绿豆的细节，却往往忽略了象牙、熊掌。

你以为抓住了好多感情中的疑似不完美的线索，就足以认定这份感情可被淘汰、代谢，而同时心里还有些不舍，有些不甘，总希望情人能变得再好一点，再棒一点，最好把其他所有人的优点都集中在他身上。

可是，你知道吗？你这不是在谈恋爱，而是在组装男友！可你的男友不是机器人！

其实每个人都想要完美，可是世界上没有完美的东西，真正能达到“完美”的是神仙，不是仍被划为灵长类的你们或者我们。

愚蠢的人，最爱拿自己跟别人比来比去。

愚蠢的女人，最爱拿自己的男人跟别人的男人比来比去。

能攀比的幸福充其量是聊以自慰却又无法满足才随时拿出来show的小幸福。

真正的幸福不需要攀比，不需要宣扬，轻易就呈现在你与他的脸上与举手投足之间。

谁也不会否认，一对夫妻脸上的自然微笑是幸福；谁也不会否认，男人回来提着满满菜篮，女人开门迎接是幸福；谁也不会否认，即便是吵架也会把战场搬到床上的夫妻是幸福的。

你选你的，我爱我的。

各走各的路，各谈各的小爱情。

幸福被上帝包邮送达，正因女人学会了放下，懂得幸福是现实拥有，而不是执着于追究别人的那些优点自己男人有没有。

可惜，能有此悟性的女人，至少也要在感情上经历那么几次波折才能悟到。

女人哪！尤其自认为小有“资质”的女人哪！最容易犯的错误就是“贪心不足蛇吞象”！

给你个superman，你嫌他只会在床上用肌肉炒饭。

给你个灰太狼，你嫌他温顺得像你二大娘。

给你个机器猫，你嫌他腰太圆，身材像叉烧包。

给你个蝙蝠侠，没准你还嫌他夜晚出去飘。

女人究竟要什么？

女人被现实弄得迷惑，然后再把男人弄得迷惑。所以，男人经常痛苦非常地问女人：亲爱的，你到底要我怎样？！

女人也很痛苦：我也不知道！

其实，老早老早以前，莎士比亚大师就已经给了我们答案：女人需要的是，爱！

现实太华丽充满诱惑，人性太脆弱容易惊惶。

在男女感情关系确定之后，你是否能够一直坚定地清楚自己要的是什么，而不会被旁人的所谓完美圆满“一叶障目”，放弃了你的“泰山”？

这世上的人，无论是男人还是女人，都想拥有一个完美情人，然而，只要我们多少动下脑子，省省脑残激素，就会明白，这是不可能的。

无论男人多优秀，如果他没有爱你的那颗心，那么你注定除了死心之外，就是伤心。

无论男人多爱你，如果你不懂他对你的这颗心，那么你注定除了伤他的心之外，就是把他弄得死心。

这两种可能，都会让你的爱情到头来竹篮打水一场空。

当然，女人在决定爱不爱什么样的男人之前，都会想清楚。她们会十分警醒，理智非凡，在心中暗自定下各种指标，若不达标，一律淘汰出局。

可事实上真的如此吗？

男女间是否发生爱情，完全由苯基乙胺、多巴胺、去甲肾上腺素、内啡肽和后叶荷尔蒙这五种爱情激素决定。可见这五种激素都并非与理智有关。

爱情本该是感性的。

人是活的，感情是玄妙的、难以掌控的，它不受各种条条框框的约束。

你见到这个人，决定与其交往时，那些之前在你胸中被你深知熟稔的各种条件的底限，就会变得毫无立足之地。不然，哪来的牛郎织女天仙配？哪来的王宝钏与父三击掌决裂？哪来的罗密欧苦恋茱丽叶？

既然爱了，就不要后悔。

既然选择了，就不要没事劈腿。

情场信誉度可是会直接影响你将来的婚姻美誉度的。当然，这并不是说两人谈恋爱如果中途发现对方并不适合自己，自己就非要在一棵树上吊死。

你要真有这份自杀的心，也先顾忌下这棵树的感受，看人家愿不愿意你吊死在他身上！

爱情的前提至少是两情相悦，如果两情都不悦，就没必要把红线当成吊绳，断送自己和他人的幸福。

恋爱，恋爱，就是练习着爱别人，也爱自己。

当你心中还确定你是爱着对方的，但却没那么深地爱时，那么，你先问问自己，是不是对对方的期望太过高了？是不是自己太贪心了？

水满则溢，月圆则缺，现世温暖永远是那些懂得知足、懂得幸福含义的人才能体会到的。

做个聪明知足的女人，学会放下过满的贪念，你就会发现，其实最好的已经在你身边了。

一个人吵架的模式，正是他内心需要的反应

周末晚上，我接到朋友晓来的电话，约我出去叙话。

见面时，我才发现周遭的环境甚是热闹。

我问：你怎么找了这么闹的地方谈事情?

她无奈，难道要她在咖啡厅里，对着理查德·克莱德曼的钢琴曲，控诉男友罪行吗?

坐在我对面的晓来，精致妆容，全身名牌，唇膏的颜色与鞋子颜色很搭，手包的款式和衣服的风格也很配。

她这哪里是忧愤的姑娘? 简直可以去诺贝尔颁奖礼现场踩红毯了!

晓来告诉我，她胸口窝着一口气!

这口气就是她男友!

我从随身包里掏出纸笔，学着医生的口吻：说吧，这口气具体什么病症?

据晓来的叙述，她男友的症状体现为：总是喜欢当着所有人的面，对她全身品头论足，把她贬低得一文不值，抓住所有机会给她难堪。

这真让她火大！

吵架在所难免，提分手也有许多次了。可男友每次都做出痛改前非状，向她诚恳道歉。可是随后不久，他又会一而再再而三地旧病复发。

晓来最后对我说，她要跟他分手！

而她脸上的表情，很清楚地表明，那是反话！

如果女人因为某个男人生很大的气，那么就说明她对这个男人仍旧爱得很深。

气是因为急，急是因为计较，计较是因为爱！

女人心里如果对男人没有爱了，那她还计较什么？还急什么、气什么？

晓来的男友我也认识，印象中，真的很宠晓来，上下班接送自不必说，对晓来的喜好，晓来的生日，晓来用哪个牌子的化妆品，擦哪个牌子的香水，等等，他都记得很清楚。

我对男人的具象记忆力一直保有不屑。不过，晓来的男友却是个鲜有的例外。后来，我才知晓，原来人家是做足了功课的，随身携带的本子里都一条条仔细记着呢！

足见这男人对晓来有多用心啊！这份用心，真叫我们小女子感动！

印象最深刻的一次，是这个男人请我们几个朋友吃海鲜。席间，我就看见他为晓来亲手剥虾壳、剥蟹壳。那几天晓来正赶上生理期，他在旁叮嘱晓来不要喝冷饮料，还亲手用热水温过了才许晓来喝。

在座的所有女人，都不禁艳羡非常。晓来也似乎很陶醉，伸手扯了扯男友的耳朵，卖萌地冲我们笑着：怎么样？我养的宠物很听话吧？！

我们哄地笑起来，她的男友窘得满脸通红，跟我们呵呵傻笑。

我心里想，这男人真不错，细心周到，又懂得容忍。

晓来男友开车送我们一个个回家，因为我与晓来男友住得比较近，他最后送我。

这时，我忽然发现，他的脸上、脖子上不知何时冒出一堆红疙瘩。

后来，我陪他去医院，医生的诊断是，海鲜过敏。

他这才告诉我，原来，他不能吃海鲜，因为晓来喜欢吃，他不想扫兴，当然要陪着。

我心里一阵唏嘘，同情地拍了拍他的肩膀：你还真是舍命陪美人啊！

其实，我心中也隐隐地为他和晓来担心，担心男人把女人宠坏，担心女人不懂得男人也需要关怀。

当初，男友追求晓来，也是顶着很大压力的。

晓来的父亲是省内有名的企业家，母亲从事教育工作，家庭殷实。晓来漂亮，有气质，从小受艺术熏陶，举止投足间总是带着一股名媛范儿。追求她的优秀男人多得可以装满几车皮。

当然，晓来的男友也是不错的，有一份待遇很好的工作，有房有车，相貌英俊，博学多才，性格温文尔雅，有一双迷死人不偿命的桃花眼。毕业几年里，身为凤凰男的他努力拼搏，终于在此地赢得自己的一片天地。

常有人说，男人逃不过被崇拜，女人逃不过被宠爱。其实，男人也需要被宠，女人也需要被仰视。

而从小养尊处优的晓来，身上除了有高贵优雅的气质外，还有些许公主病，在交往中，就常常忽略男友的感受。譬如，她很少从两人的角度去考虑问题；她习惯以自我为中心；她想当然地认为，男友应该永远对她保持仰视姿态；她认为男友在自己面前不需要自尊。

这些信号是极其危险的。

女人太过自信，男人就会缺乏自信。一高一低的心理对峙，时间久了便会形成恶性循环。晓来与男友之间的矛盾，就是这种自信位差造成的隐像危机。晓来在受到男友挑剔、贬低的时候，也该从自己身上找找原因。

尊重与爱都是相互的。相爱的时候，请记住尊重彼此。

在男人身上寻找自信的女人，身边的追求者越多，内心构建起来的堡垒才越富贵华丽。真正能攻入堡垒之内夺得美人心的王子就应该明白，你来是为了娶她、爱她，不是来拆她的台、毁她的城堡的！那么，身为公主的女人们也该清楚，如果你爱这个王子，就不要介意他骑着的是白马还是灰驴，或是自助徒步。至少，你给她的姿态该是温柔优雅又亲和真诚。

请打开你的心门，让他看见更多你的爱与宽容。那么，他在你的爱中也会成长、强大、笃定，成为更有王子风范的王子。

一个人的吵架模式，正是他内心需要的反应。正如同饿了要吃饭，渴了要喝水，累了要歇脚，困了要睡觉！晓来总是忽略男友的自尊，便招来男友对她自尊的伤害，随后男友又很后悔，而这种后悔，并不能解决问题。在道歉、求和之后，再遇见某种情况，男友又会不自觉地伤害晓来的自尊。这是由于，晓来没有改善他们之间的交往方式，而男友的这种反抗行为也随之加剧。

相爱时，请关注他的吵架模式，抓住了病症，赶紧治病！

别让你们的爱情病入膏肓。

可能是对方的坏态度“激起”了你的“斗志”

那天去参加同学婚礼，坐在我身边的是一对小情侣，荆小姐和柯先生。席间，柯先生始终一声不吭，眉头紧蹙，荆小姐一会儿拉他的手，一会儿摸他的脸，一会儿问这问那，一会儿给柯先生夹菜，一会儿又用纸巾给他擦嘴。一开始，柯先生还勉强回应，随后，便冷漠起来不理人了。在别人看来，荆小姐很贤惠可爱，柯先生的态度实在太坏。

突然，柯先生起身走了出去，荆小姐随后追出门外。一会儿，荆小姐又跑回来，进了洗手间。

我看见荆小姐正用纸巾擦脸，显然两人刚刚发生了不愉快。我与荆小姐聊天的开端，她仍未收敛怒容，信誓旦旦一定要跟柯先生讲清楚。

我问她怎么讲清楚？

一件一件！一桩一桩！荆小姐气势颇盛。

我问她：柯先生现在能听进去吗?

听得进也要听！听不进也要听！荆小姐斗志昂扬。

荆小姐开始一条条控诉柯先生的罪行。

他说他最近心情不好嘛，那我就陪他喽！叫他出来参加表哥的婚礼，沾沾人家的喜气啊！我那么讨好他、安抚他，他却总摆着一副冷脸，给谁看啊！我多劝他两句，他就叫让我离他远一些，还说我好烦。上次也是这样，他们公司新来的老总把他狠训了一通。

他回到家，就对我不闻不问，只知道自己坐在电脑前玩游戏。我过去坐在他腿上，被他硬推下去，还说，他心情不好想自己待会儿！心情不好还能打网游?！他工作上不顺心，为什么不能跟我说说?就算我没什么好的建议，总可以帮他排解下心里抑郁吧?

荆小姐说完这些，我大致了解了他和她之间的问题。

其实这个问题，说起来简单也复杂。

荆小姐和柯先生之所以会出现矛盾，就是因为四个字——男女有别。

人类共有 46 条染色体，除了第 46 条染色体决定了男女两个性别之外，男女在基本的生长发育上是没有特别大的区别的。

而这决定性别的第 46 条染色体，则四两拨千斤地起了决定作用。它决定了男女之间迥然不同的思维模式和价值取向。

男人总是把视野放在更高更广的范围，而女人总是把视野收拢在自己周围。

男人通过征服很多个女人来证明自我魅力，而女人总是跟很多个女人争夺一个男人来展现个人魅力。

男人更精于抽象、概括、立体式的问题，而女人更精于具体、细节、直线式的问题。

高兴时，男人不轻易喜形于色，女人则一定要大喜过望。

伤心时，男人把苦涩泪水独自咽下，不对人说，尤其更不与自己的女人说，只有在崩溃时，他才会“男人哭吧哭吧不是罪”。而女人呢，常常是受了一点委屈，受了一点伤，就在自己男人面前哭得梨花带雨，边哭边讲，寻求抚慰和疼爱。

通常情况下，男人喜欢缩小压制问题，女人喜欢扩大释放问题。

从心理学角度来看，女人更爱倾诉，男人更爱沉思。

女人的口才只在男人面前显示，男人的口才则在公众面前显示。

女人生气了、伤心了，一定要找个人好好说说。如果身边没这个人，她就一定会拿起电话，煲几个小时的电话粥，直到把不快都倾吐干净，才会收线。而男人呢，独自一个人待着，喝喝啤酒，听听爵士乐，或是看看球赛、打打网游。

女人心情不爽的时候喜欢去打扰别人，男人心情不爽的时候不喜欢被人打扰。

荆小姐执意地以女人的需求来安抚柯先生，显然她不会得到她预想的结果。

更糟糕的是，在抚慰柯先生的过程中，她觉得自己受了委屈，她喜欢打扰人的模式启动了，对着男友说个不停，理论个没完！男人越想清静，她越不想清静！

两人一动一静地对掐，终于掐出了火气！双方火气越来越大，反效果愈演愈烈！

因为，根本药不对症！

作为女人，你不需要很懂你的男人，但你绝不能没事就往他的雷区碰。在他想安静的时候，你就给他安静。等他静够了，气顺了，拨开云雾见明月了，又见彩虹笑了，这时你想怎么折腾他，就可以怎么折腾他，想让他怎么宠你，就可以让他怎么宠你。

千万别顶风作业！千万别火上加油！更别在禁声区撂狠话！

所以，暂时调制节能状态，歇歇兵，休养生息一下，利大于弊！

男女间的相处，无论何时，都是一场博弈。

你最先不淡定了，输得多的就是你。

别把自己搞得太强硬，即便真成了奥特曼，你拯救得了世界，也拯救不了你和他的爱情。

请记住，任何时候，男人最爱的，还是那个善解人意而又聪明智慧的你。

真正想分手的人不会用“吵架”达到目的

那天，在派对上，因为贪吃了两块巧克力蛋糕，两颗患有旧疾的牙齿就开始跟我抗议。

搭朋友的车去看牙医，刚走进医院，就看见走廊另一端护士小欧拉着一枚帅哥往外走，边走边吵。

牙医一边给我消炎，一边嘟囔着，天天吵着分手，也不见真的分！

我忍不住笑，偏偏嘴巴被撑着，又不能笑得很尽兴。

以前来洗牙，我曾见过小欧几次。小欧长得漂亮，人又机灵，嘴也甜，每次见我都姐姐、姐姐的。

女人天生是个表达多于思考的动物，这点正好跟男人相反。

女人，尤其在自己爱的男人面前，更是喜欢说个没完，高兴时说，不高兴时也说。

那天，牙医帮我处理好闹别扭的两颗牙，临离开前，他除了再次警告我不要碰甜食，还拜托我劝解一下小欧，如果要跟人家分手，就快刀斩乱麻，别总拖拖拉拉。

我笑着告诉牙医，小欧才没真想分手呢！

牙医还不信。作为一个有五年婚龄的成熟男士，对女人的心还是抓得不够准哪！

女人每天吵着要节食减肥，每天吵着要把自己嫁出去，每天吵着要把几张信用卡刷爆，每天吵着要钓一枚真正的钻石王老五，勾引纯金海龟男……

女人每天说过什么，表过多少决心，发过多少狠，做过多少春梦，真是太多太多了！有时候，连她们自己也记不清哪一句是真、哪一句是假！

其实，根本不用记忆，因为，大多数时候，她们也只是说说而已。

女人用语言排解压力，充实生机，焕发魅力，吸引异性注意力，提高身体免疫力，就跟男人心烦了，去酒吧要一打喜力，劳累了喝几听王老吉，是一样的道理。

女人的宣传力总是比行动力要大得多，特别在爱情中，总是喜欢使用一些虚张声势的伎俩。

她今天说不喜欢你了，说你很烦、很讨厌，说想分手，其实她并不是真的不喜欢你了，真的觉得你很烦、很讨厌，或者想分手。

她说这些话的目的，就像是一个得不到想要的新型玩具的小孩子对自己的父母发怒，重点是：你们为什么不给我买玩具？！

人不管长到几岁，有多少阅历，骨子里都会存有一定的孩子气。

当生活达不到自己想要的境遇，当自己另一半的表现总是那么差强人意，女人们便会抗议，会积极主动地表现出来。而男人们则习惯于隐忍，以更直接的行动方式去努力改变现状。

男人与女人的表现总是不同。

男人习惯隐性表达，女人习惯显性表达。

男人用沉默冷淡表露自己内心的不满，冷暴力是他们的强项。女人用热切质问表露自己内心的不满，热暴力是她们的强项。

当女人站在主场位置，那么，所有问题就都不会以直入主题的方式进行。

不管女人有多生气，有多不满，面对自己的男人，她永远喜欢以一种母亲对小孩子的诱导心理，旁敲侧击，以此来窥视两人的默契度与相爱程度。

男人们却最讨厌绕弯子！

所以，女人要记住，Don't beat about the bush.（别兜圈子了。）

因为，用这个方式来试验你们俩的默契度，90%以上的概率你将得不到你想要的结果。那么，你心里的不满意度再次升级，你会在心里给你的男友打上大大的差评！

这下状况就更难以掌控了！最坏的结果就是，男人沉默冷冰冰，女人吵得热火朝天。冷热不均的状态简直是冰火两重天！

吵来吵去的后果，最容易把假分手吵成了真分手。这种例子并不鲜见。

我有一位同学刚与男友分手，就是因为总爱耍小脾气，没事闹分手玩，一次两次男友都忍了，后来多次这样，男友忍无可忍，终于发一条短信 Say good bye。等我同学去找人家时，人家把备胎都扶正了！

所以，你若不想分手，千万别总把“分手”整日挂在嘴上，你以为你这样会激起男人更强烈的挽回心理，其实，你错了。

男人不懂你声东击西的心理战术，更不会仔细琢磨你这些虚张声势的把戏。他直接看见的，就是你厌烦你们之间的感情了，不然怎么会整日内分泌紊乱闹情绪？

事实上，女人连续说一百次分手，都不会是真的，而男人说一次分手，就真的假不了！

所以，跟男人提意见、表抗议，最直接也最聪明的方式——有事您说话！

一定要记住，千万别拿分手当儿戏。

我走出诊室时，小欧和男友还在吵。

我走过去，直接向小欧男友提议：牙医告诉我你们要分手了，我朋友的表妹正值妙龄，貌美如花，要不要给你介绍下？

小欧忙死抱住男友的胳膊，冲我怒瞪着大眼睛，大叫：才不要呢！我们感情好着呢！

看！其实女人的心思，并没那么深！你只要投一颗石子就可以试得一清二楚！

PART 2 浪漫中的权利争夺战：到底你听我的，还是我听你的

为什么我要让步

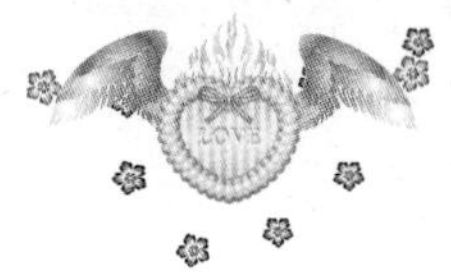

有段时间，老公整天看美国拳王争霸赛。

以往，我对拳击运动怀有一种成见，尤其是，看着美国黑人在台上挥拳咬耳的，总觉得那是一群野蛮大猩猩的互殴活动。

后来，禁不住老公诱导，我也跟着看了几场，结果越看越来劲。我发觉，拳击不但是体力的对决，同时也是脑力的对决。拳手出的每一拳，袭击对手哪个部位，出拳的长短、力度、速度、次数，都是有讲究的。

记得读初中时，物理老师曾说过，拳手要给对方重创，先要把拳头收回，再打出，这样击打力度才更大。

我把这个力学原理讲给小薇听，她惊愕地盯着我，战战兢兢地问：姐姐，你的意思是要我把他狠揍一顿？

我回想起小薇那个健美教练男友的壮硕体格，再瞧瞧小薇这纤弱小巧的体形，连忙摇头：

当然不是！

小薇与交往了三个月的男友刚刚同居，一开始，你好我好，大家都很好，你爱我，我爱你，爱得如漆似胶。可时间一长问题就出现了，一向很容忍大度的男友，那天因为一件洗花的球衫对她大光其火。小薇哪里肯受这个气，结果两人就吵了起来，相互都不让！男友当即摔门走了！

小薇觉得委屈：才多大的事！不就是不小心洗坏了一件衣服吗？以前，我还失手打碎过他买的一整套水晶杯呢！他当时心疼得要死，也没对我说一句重话，还问我有没有割到手呢！现在他不理我，就等着我跟他道歉！他不是爱我吗？为什么还要女人道歉？！

听着小薇的这些疑问，我也看出，在她见我之前，她已经把事情在心里翻了几遍了，在反复纠结中，寻找问题的症结。

事实上，小薇跟男友相处得还是很甜蜜的。我们曾一起露过营，当时，所有人都看得出小薇男友对她的疼爱。小薇还不知足，时而发个小脾气，一会儿嫌他搭的帐篷不对劲，一会儿嫌他烤的肉串不香，一会儿又要他给她捏腿揉脚。

不管小薇怎么说，大个子男友始终微笑着点头，一点都不生气，还说：老婆你说得对，我都听你的，老婆别生气，我慢慢弄。

你听听，多好的小伙！

人家小薇可没觉得怎样，只是一脸傻笑地说：男人不就该宠着女人嘛！

被男人宠，被男人爱始终是女人的终极梦想。

这世上，通常存在着这样几种女人——

第一种，不知道如何索爱，不记得索爱。把自己当成了圣母玛利亚，下界来普度众生，把男友当成王子天皇服侍。这种女人一般下场很惨，结局可参照秦香莲。

第二种，无节制、无下限地索爱。这种女人往往对自我认识有个清晰定位，知道自己想要的。她并不一定很自信，却对爱情非常有主张、想法，总是试图从男人身上寻找满足感和存在感。这种女人往往爱也轰轰烈烈，败也轰轰烈烈。小薇正是这种。

第三种，把索爱与给爱有机结合起来，用进与退的互补技术玩转爱情，建立一个你与我共进的和谐社会。这种聪明女人不是没有，但数目却不多。

有人曾用银行存款来比喻爱情，我个人认为这个比喻有一定道理，却也不全对。

爱情需要彼此交付与索取。

爱，并不因你一直卖力存入就会加倍积累。事实上，你一味地付出，却从没想要取用，最后很可能会一场空，直接连爱情的“银行账号”都被改到别人名下了。

但若是你一味索取，户头上的“钱”越来越少，你的“爱情银行”迟早就会因被你掏空而垮掉！

索爱只是被爱的第一步，重要的一点是，要记得有“存”有“取”，保持“收支平衡”，保持“资金”流转正常。

再说拳击与爱情的关系。

我如此联系说，并不是真要小薇把谁打趴下，只是想告诉她，在两性心理角力中，你要想出击得准确有力，就不要时时计较谁站得位置高一些、谁的姿态卑微一些，此时的“收回拳头”“退后一步”，是为了下一步猛击。

往常都是他让步，这一次你让了，他会忽然发觉你以往没体现出的优点：温柔，体贴，懂事。你的“让步”反而会令男人回想起你更多的好，淡忘你的刁蛮。

这才是你真正的“猛击”。

当你要脾气、闹别扭的时候，你应该知道，要脾气不是你一个人的特权和专利。

他向你道歉，说明他爱你，但是这种爱的表现不是他一个人的义务。

情侣间相互尊重、理解可以增进感情，相互间调调情、撒撒气更是感情里的调味剂。

爱情里没有绝对的对错，又何必在意谁让一步、谁的姿态低一些？

你敬我一尺，我让你一丈，你宠爱我，我也爱护你。

不错。恋爱中，女人是该保持一定身段的矜贵，但这并不代表，你就应该每天24小时都绷着一张“母仪天下”“垂帘听政”的脸，那样你震慑掉的不只是男人对你的兴趣，还包括你们的恋爱情趣。

你要索取爱，就要提醒自己，是否以爱之名，毫无节制地伤害对方。

不要将别人一次次的宽容大度视作寻常。他只是因爱而变得会忍耐，也会因爱而变得容易受伤害。

当你承接对方的好和爱的时候，不要忽略了，对方也同样需要你的爱。

其实，在爱情里，不论男女，让让对方，别总记挂自己的“爱情尊位”，这种“怀柔政策”反而会让你们的感情获得更多生机。

爱情中，懂得让步的女人，是温柔的；懂得让步的男人，是宽厚的。

如果爱他，就别总把那些让步的事情留给对方去做。

让让他，你真的不会吃亏的！

先动优势："主动"也是一门艺术

艾达最近在跟男友闹别扭，把我们几个闺蜜约到 PUB 里，边喝酒边骂男人。

艾达说男友太无赖，太小气，太挑剔，自从同居后，简直把她当成了 24 小时随侍保姆。

两人相处时，十有八九都是他时时在理，她处处受气！说又说不过他，打又打不动，人家一句话顶上她十句话！

艾达的男友我曾见过几次，阳光帅气自不必说，长得很像某风头正劲的韩国男明星不说，最令人印象深刻的是，此男属于典型的富二代脾气、工二代身家。

起初，艾达和他交往时，很多人都劝过艾达，不要只看男人一层皮，小心被人吃定了还不自知！

看看如今的战局，果然，不幸言中！

那天，姐妹们提出让艾达干脆把男友踹了，更新换代。艾达又期期艾艾舍不得放手，毕竟交往了一年有余。

在我们外人来看，艾达的男友不过外形帅点，脾气拽点，不用费力就能把大美女小美女迷得翻天覆地。当时，艾达就是这么不顾一切地猛扑上去的！

其实，没人有资格评判别人的爱情好不好、对不对。

爱情是不讲道理、不问原因的。

现实社会中，就是会有一些女孩对“坏”男人情有独钟。

这些“坏”男人，总是骨子里透着一种气场引你上钩，令你不能自已地放弃自我，围着他转，满足他的一切需要，听从他的一切所想。

艾达的男友正属这一类。

据我所知，艾达的男友从小就是一棵被众花簇拥追捧的名草。

艾达还曾给我们这些闺蜜爆料，现在她男友家里，还有两只纸箱子里装着上千封情书和女子的私密日记。

不管这说法是不是艾达男友的主观夸张，从他始终留着之前若干年追求者的求爱信这一件事情上来看，此草带有不小毒性，绝对不是一棵善草！

果然，艾达说了，有时，他们吵架，人家就如数家珍地一封封炫耀，什么曾有个女孩，非常有才华，人又漂亮当年暗恋他，为他写了多少首诗歌，他都没搭理人家，后来，人家把诗歌集结成册，还出版了，后来进了郭沫若协会了！

艾达越听越来气，想想自己，这么一个在家连碗都不刷的大小姐，自从跟他在一起，连给地板上光都会了！

他还这么挑三拣四，站着说话不腰疼！真是越想越生气！

你要吵，人家偏不跟你吵，关了门，打游戏。

那天，艾达恰巧生理期来访，肚子疼得满床打滚，喊了男友半天，他都没过来安慰她一句。

艾达心里一凉，收拾行李搬离了男友的公寓。可随后又舍不得放手，总想回去找他，总想给他打电话，总是怕他把她忘记。

都说，人爱深了，就会浑身生出一股贱劲儿！

当时，艾达说到这里，在场的所有闺蜜都对艾达有股恨铁不成钢的劲儿！

女人们群情激奋，认为艾达错就错在心太软，一致力挺艾达对男友“以恶制恶”“斗争到底”“先决而后快”！

众姐妹一致认为，好男人得守，“坏”男人得整。

其实，艾达绝不是娇滴滴、毫无思想主见的柔弱小女子。工作上，她能力佳，眼光远，几次跳槽，职位越攀越高，得到老总重用。她职场上得意，却在情场上被男人捏得死死的。

那天我只告诉艾达一个办法——先发制人。

《汉书·项籍传》中项梁曰：“先发制人，后发制于人。”意思是说，先下手取得主动，可以制服对方；后下手被动，受制于人。俗语来讲就是，先下手为强，后下手遭殃。

艾达疑惑：那还不是跟她们说的一样，“以恶制恶”吗？

我说，的确是“以恶制恶”，但不见得要你直接冲过去，扇人家耳光，砸人家电脑，或者用苹果堵人家汽车的排气管。这个“先发制人”要做得艺术，才不会显得没技术。

我曾用下围棋比喻恋爱。

男女双方各持黑白子，玩的是心理战术，搞得虚虚实实，犹如兵家用诈术。你给我添堵，我给你下绊。这堵来堵去，绊来绊去，不断碰擦出火花，这恋爱才谈得有滋有味。尤其是，几个回合分不出胜负，才真是“棋逢对手，将遇良材”，两人就越来越分不开了。

不过，看艾达的样子，显然是被对手完全牵制住了，这个恋爱法，注定纠结。

其实，我对围棋不太懂，但明白一个基本的道理——金角银边草肚皮。

许多刚学围棋的人才会盯上棋盘中央的大片空白位置，孰不知，越是中央的位置，就越是劣势，眼见站定的地盘，不知何时就被人悄然蚕食。

真正会下棋的人往往剑走偏锋，在别人最容易忽视的角落去开出一片专属于自己的领地，并且慢慢地向内地拓展，以棋盘的边角为天然的壁垒，用最少的棋子达到围出最大最牢的领地的效果。

这才是“先动”的最高境界。

占尽先机的并非是眼前所见的，而是从对方的盲点、弱处出发，寻得生机，将局面由被动转为主动！

艾达的男友，说到底，就是个从小到大都被宠坏的大男孩，自私自利是常态，他不是不会想到你，而是懒得迎合你，懒得为你改变自己。

他已经习惯于承接你的好，习惯于挑剔你。他不是不爱你，而是在这种“被照顾与照顾”的关系中，他始终没有站到正确位置，甚至没有正式进入“男朋友”这个角色。

艾达们在埋怨、伤心的时候，是否也该想一想，是不是自己付出过多的爱与照顾，助长了他的公子脾气？

其实，对付这种坏脾气，没什么独家秘密。就跟大人对付不听话的孩子一样，晾晾他，让他知道你存在的意义，给爱情一个缓冲期。

高密度地给予爱，并不能保证爱的高回报。

在爱情这盘棋局里，男女博弈，不论是谁，时而输时而赢才有乐趣。

总是喜欢占据“中心”的那个人，未必总是赢家。

从“角落”占据先机的你，却可以令他更着迷。

真爱的前提不是占有，而是彼此平等

周三的午后，尹先生约我在他的办公室见面。

尹先生是某知名集团的高管，平日工作很忙，约我来他办公室会面，也是考虑到自己公务缠身，临时有公事也不会耽搁。

本来按照秘书排好的时间见面，可还是让我等了近一小时。

尹先生姗姗来迟，连连道歉。

我笑说，没关系，顾客是上帝。

尹先生开门见山地告诉我，他的现任女友比自己小 12 岁。

女友的容貌不是很艳丽的那种，但是很有气质。

记得第一次见到她时，她当时穿着一套白色连衣裙，长发披肩，双眸含烟，纯洁得简直像一个仙子。他当时就被她迷住了，随后，就对她展开了猛烈的追求。

交往不久，他强留她在家里过夜，占有了她的第一次。这令他心里更确定，她就是上天送给他的天使，他发誓要好好保护她，好好爱她。

如今，他们已经交往了半年。

35 岁的他事业正处高峰期，各方面已是个成熟男人，应该成立自己的家庭了。他想把婚事定下来，可女友的态度总是顾左右而言他，这令他很心凉。他开始疑惑，难道她不爱他，还是他爱她爱得不够?

尹先生心里很不平，他想到自己为女友付出的一切，从生活到工作，到她家人朋友的种种事情，都由他全盘包揽。难道这样爱她，还不能换得她的心吗?

几次酒醉，他问她想不想嫁给他，女友只是躲闪，迟迟不回答。他很生气，失手打了她一个耳光。

酒醒后，他也很后悔，跟女友道歉。女友表面上接受了他的道歉，可态度明显冷淡了许多。那段时间，他每次约她出来，她总是以这样那样的借口搪塞。

他感觉，他和她之间出现了第三者。

他雇私家侦探监视她的行踪，果然发现了问题。

女友再次跟初恋男友见面时，被他当即捉住，他将她强行带走。随后，他们大吵了一架，甚至还提到了分手。

女友哭着说，她只是想找个人聊聊，她并没跟初恋复合。她还告诉他，跟他在一起，她真的很累很累。

他不理解，他付出了这么多，却只换来她一句很累。

尹先生告诉我，他很后悔，那天不该提分手，他真的很爱女友，想挽回她。可是他再打她电话，再去找她，她总是不理会。他不知道自己该怎么办！

听了尹先生的倾述，不难看出，他是个感情上强势霸道的男人。他完全是从他的主观立场出发，丝毫没有考虑过女友的心情和感受。

事实上，从他被女友吸引，到他们正式交往，到后来感情出现裂缝的种种表现，尹先生一直占据着主导地位。

他把他觉得对她好的、对她有用的，一样样为她做，一件件替她打点，连女友的家人和朋友的事情，也都由他包揽。

尹先生的这种全方位包围式的给爱方式，不但没将女友的心抓得更牢、更紧，反而，令女友怕得想逃！

女人是无爱不欢的感性动物。

女人期待爱。

每个女人都希望自己时时刻刻被男人的爱包围呵护着。

乍一看，尹先生似乎正是这样做的。但从本质上分析，尹先生在为女友做任何事的时候，都是以自己的认识来决定做什么不做什么，所有的行为，都是以他的价值取向和兴趣方向为标杆。在他的潜意识中，他为女友做什么，是完全不需要征求她意见的。

男人，尤其是在社会中各方面都出色的成熟男人，在面对女人的时候，总会在潜意识里存有优越感。这种优越感，使得他们容易忽略掉两性交往中许多非常重要的元素，譬如：平等，宽容，理解，尊重。

男女关系是否能做到平等，完全取决于彼此是否能做到相互尊重。

维利而斯说过，一切真正的爱情的基础都是互敬。

做不到互敬的爱情，又怎是两情相悦的真爱？

尹先生恰恰没有认识到这点。

一方面他对女友的爱是真挚的、浓厚的，是付出在先的；另一方面，他又在无形地禁锢、伤害着女友。

他觉得，自己比女友年长 12 岁，学历比她高，阅历比她多，社会地位比她高，他不能见女友受骗吃亏，更不能让她走弯路，错失大把良机。于是，他运用自己的关系网，撑开保护伞，为女友保驾护航。

他用自己的爱将女友仔细包裹起来，使她不受伤害，然而这一层层的保护膜，却将她封闭其中，令她压力倍增，感到疲累窒息，同时，也让他与她的爱情失去了自由呼吸的力量。

这样的爱情又怎能有活力？

显然，尹先生首先需要清楚的不是如何挽回女友，而是如何矫正他爱的姿态。

不要把两个人的爱情当成一个人的秀场，更不要以爱为由，强势地将情人圈养起来。

否则，这种行为就好像家长为了保护自己的孩子，要他们不要玩火，不要碰电，不要跟陌生人说话，不要去哪个地方玩，他们不在家的时候，就将孩子锁在家里。

但女友不是孩子，她是个有思维、有理想的女人。

相爱相爱，是相互索取付出爱。

这种交付，是两人站在同一条地平线上的，而不是某个能力强的人站在云端，一味施舍，恍如救世主；更不是能力弱的那个人，俯首叩拜，一心承接，心念感激。

而尹先生的思维里，正是把爱看成是他单方面的付出，女友单方面的得到。他以为，只要她欢心地接受，就是对他的爱了。

他简直把女友当成孩子来养了！

这种认知模式多么可怕！

这种爱情，久而久之，只会令他爱得好辛苦，她被爱得也好辛苦。

当然，造成这种不平等关系的，不仅仅是尹先生的责任，他女友本身也存在问题。

女友在接受这段感情时，总是处于被动。从开始，在各方面占尽优势的男人对心仪女人的占有显得游刃有余。甚至强留过夜之后，女人也只是顺从了这段关系的确立，一方面确实是动心了，另一方面也存在着无可违抗的心理。

这种“欲拒还迎”姿态和心态，都令男人更加确定了这个女人的软处和短处，更将她视作重点保护对象。

我爱她，她的一切都是我的，我做的一切都是为她好。她不需要怀疑。

男人秉承这种意识去爱一个女人的时候，就难免忽略了女人的独立性，从而忘记了平等互敬。

爱，是一盏两个人共同擦亮的阿拉丁神灯。

要爱，就先给她平等的关爱吧。

聪明人从不企图在爱情中争夺主导权

那天，我一个在社区工作的朋友突然打来电话，说有个女孩跑到十几层的楼顶准备自杀，叫我赶去她那里。我一路担心，十万火急地赶到现场时，所幸女孩已被救下。

此时，女孩被她男友抱在怀里，情绪仍不稳定。朋友悄悄对我说，刚从女孩父母那里得知，这女孩还曾经闹过卧轨、跳河、酒后驾驶的事情。

一周后，我在商场与女孩不期而遇。我邀请她坐下来聊聊。刚坐下来，女孩就撸起衣袖，给我看她胳膊上的伤疤。那些伤疤有的是割伤，有的是烫伤。伤疤颜色深浅不一，新伤旧伤都有。

她直截了当地告诉我：你看见了吗？我不需要你劝，我就是要让他听我的！不许他离开我！不许他喜欢别人！那天，我是做错了，可他不能对我吼！只有我吼他的份儿，没有他吼我的份儿！我爱他，他就该全都听我的！我是他女朋友，他就该处处让着我！

其实之前，我从女孩父母那得知了一些事情。女孩跟男友在念初中的时候就恋爱了，从 15 岁到 22 岁，吵吵闹闹，分分合合，女孩的性格越来越暴躁、敏感，先后因为男孩见异思迁做过自杀的傻事，有一次还喝醉了，把她父亲的货车开出去，险些造成恶性交通事故。女孩告诉我，她不后悔，因为这一切都是为了爱情。

那么到底什么是爱情？

我们会说，爱情就是两个人惺惺相惜，不愿分离；爱情是氧气，是生命，是荷尔蒙的强烈撞击。至今为止，科学家研究出的结果，认为爱情可能只是古老的神经肽和神经递质的混合而出现的一种东西。

也就是说，爱情是一种神经物质导致的精神病。这种说法并非没有道理。

人在陷入爱情之后，会变得迟钝、变傻、变得疯狂。女孩陷入爱情中，她对男友的占有欲和控制欲，使得她误解了爱的含义，做出了许多疯狂的举动。

我问女孩：如果他烦了，怒了，不想跟你认错，或者干脆不理你呢？

女孩大叫：他不敢！他如果敢那么对我，我就给他好看！就像那天，他不照样求我原谅吗？

女孩并不明白，爱得偏执就是一种自虐的癫狂。女孩以自己为砝码胁迫男友的举动，就如同唐僧口中不断念的紧箍咒，勒痛了对方的脑袋，同时，她的心也很痛苦。

以这种虐爱方式来争取爱情中的主导权的想法是要不得的。而所谓主导权，不过是现代文明将政治经济领域的概念附加给爱情的一个定义。事实上，爱情真的存在主导权吗？

爱得更深一些，主导权就被对方占去？控制他的所有，主导权就握在自己手里？错的一方必须给另一方认错？对方不肯低头，就以自己的生命来胁迫？这并不是健康正确的爱情观。

现代女性崇尚“我的爱情我做主”。这个概念有积极也有消极的方面。积极的部分是，女性对于幸福的追求有了更为主动向上的认识；消极的部分就是，有些女性会在处理恋爱关系时，过分运用和过度理解这个概念。

自我主导爱情不是让自己牵着男人的鼻子走；也不是不管做什么，对错尺度由我来决定；更不是所有事情都由我说了算，男人请闭嘴。“一言堂式”的爱情并不能乐趣多多，更无法天长地久。从女孩的身上，我倒是看见了危机多多，伤害多多，弊病多多，这样把男友逼分手是迟早的事！

蒙曼教授在《百家讲坛》里讲了一则武则天争取爱情主导权的故事，非常有趣。当初，武则天进宫许久都没得到唐太宗的注意，她格外心急。有一天，唐太宗在一群妃嫔簇拥下来看马，武则天当时就在这些妃嫔之中。

唐太宗瞄中了一匹狮子骢，让身边的妃嫔开开眼界。这狮子骢顾名思义，鬃毛长得像狮子，性子暴烈，没人能驯服它。唐太宗看了看众妃嫔，问她们谁能驯服这匹烈马。其他妃嫔都低下头，只有武则天自告奋勇，说她能！唐太宗着实吃了一惊。

又听武则天说要三样东西——铁鞭、铁锤、匕首，唐太宗又吃了一惊！

武则天说，狮子骢脾气太烈，不能用常规手段搞定，必须先用铁鞭抽它！如果它不服，就用铁锤敲它脑袋！如果再不服，我就一刀捅了它！听完武则天的解释，唐太宗再吃一惊，看看眼前的娇媚小姑娘，大呼：这杀气太重了！心太黑了！三惊过后，唐太宗彻底对武则天灭火了！武则天的首轮主导以失败告终！

可见，强势的女人令男人生畏，同样，强势的恋爱心理，也让男人想退。那些交给女人掌握爱情主导权的文章，表面上说的是争夺主导权，实则是“不争而争”的爱情态度。当我们在试图争夺“主导权”的时候，首先应该明白，爱是理解，是包容，是相互融合、彼此呵护，而不是党派纷争的党同伐异，更不是专家学说的去伪存真。

恋爱里的大事小情，没有绝对对错，即便是真的做错了，也用不上登上刑事法庭。谁暂时主导了，谁被主导，不需要那么较真！

你该清楚，恋人之间，谁对谁错，并不重要，谁占主导、谁被主导也并不重要，重要的是——相爱！

做个聪明人，不要企图在爱情中争夺主导权！

不是每件事情，都可以上升为“爱不爱”

零点乐队有首经典曲目——《爱不爱我》，曾经流行一时。当领唱周晓鸥那极具纯熟男人味的磁性嗓音从麦克风里传入到我的耳中时，身为女人的我，不可抑制地为之心神荡漾。

你到底爱不爱我，我不知该说些什么。你到底爱不爱我，撕掉虚伪也许不会难过！

如果有这样一个男人用如此深情的歌喉问你爱不爱他，我想 90%以上的女性都会说：爱！

事实上，现实生活中的男女交往，很少有男人会这样问女人：你爱不爱我。只有当他难以把握这个女人或者刚刚失去这个女人的时候，他才会如此痛苦纠结地将问题抛出，期许女人能给予他想要的答案。

然而，女人的情感世界，却比男人的情感世界更充满想象与疑问。

面对男人，她问过最多的问题就是——爱不爱我?

那个午后，丽萨身着一条炫色花纹的连衣裙，坐在我对面的沙发里。

丽萨在某外企做文员，虽然还够不上“白富美”的标准，但个人魅力从未被怀疑，从小到大，追求者都在两位数以上。

待丽萨说到自己和男友的事情时，她周身的炫色立即转为淡灰。

丽萨告诉我，男友是另一家公司的高管，工作能力很强，人又帅气、多才，她与男友已交往了半年多。

可是同居后，问题就来了。当丽萨还在幻想将来的美满幸福时，她却不断与他发生矛盾，这令她对这份感情产生了怀疑。

他不喜欢吃我煮的饭！每次我主动请缨煮饭，都被他半开玩笑地搪塞过去，每顿饭都是他按照自己的口味自己主刀做的，做好了，就喊我吃饭，从未问过我喜不喜欢，也从未想过，我为了他，偷偷学做了一个月的菜！

上个月，我一个同学从国外回来，之前，我在网上的时装发布会上看见一款范思哲衬衫，很衬男人气质，就拜托同学带回一件。为买这件衬衫，我花了一个半月的薪水！结果满心期待地拿到他面前时，他却只淡淡地说了句谢谢。后来我几次让他穿上，他都说以后再穿！

还有那次，因为上司处事不公，我一时没控制住情绪，跟上司吵了两句，他听见风声，赶忙从他公司赶过来，又是跟我上司道歉，又是数落我一通。我冲出公司，坐在路边哭了许久，他才找来，见到我之后，就只知道批评我。

我心里难受极了，他还在给我讲大道理！我要的是他的安慰和温暖，他却当着公司所有人的面跟着别人一起贬低我！还有许多许多事情，都说明他根本不会从我的角度出发思考问题。他这么自私，他根本不爱我！

用了大概一个半小时的时间，我终于听完了丽萨的故事。

丽萨的心里，存在一个认识误区，就是她喜欢直观地将各种细节拼凑，一点一滴、一丝一缕地拼凑成一个巨大的、沉重的问题。

最后，她发现这个问题就是——他不爱我了！

回想下之前丽萨说过的那些细节：第一个，男友喜欢自己做菜，并让她吃他做的菜；第二个，男友对她买的衬衫不太满意，拒绝穿；第三个，男友帮她调解与上司的矛盾，对她进行了批评。

逐一从另一个侧面来解读这三个细节。

第一个细节说明，男友对自己的厨艺很自信，或许是对女友厨艺缺乏信心，或许是怕劳累女友，所以，他选择自己动手丰衣足食。

第二个细节说明，男友已经对自我形象包装具备完整理念。他对衣着的选择很有自己的一套，而且不轻易改变。

第三个细节说明，男友希望用自己的处事风格和方式影响她，让她在处理人事交际上更成熟些。

这三个细节，也许并不足以说明男友是否爱她，却能肯定一点——丽萨的男友不是一个特别会哄女孩子的男人，在两性相处中，缺乏弹性和灵活性。

双方在交往中都有问题，女人的感性冲昏头脑，男人的理性冻结了恋爱技巧。

很有可能，丽萨的男友生搬硬套了管理下属的那一套技巧来处理与女友之间的关系。他觉得丽萨不擅厨艺，就自己上手；他认为丽萨的品位不好，就坚持不穿她买的衬衫；他觉得丽萨问题处理得不对，就当面批评。

男人拿这一套公司管理理念来管理男女情感关系，女人不犯迷糊才叫意外呢！

当对他有感觉的时候，女人心里就会问：他会不会喜欢我？他感觉得到我的心意吗？如果我主动表白，他会不会拒绝我？

当两人正式交往了，她又会问：我今天的打扮他喜欢吗？我今天的话是不是说得太多了？刚才分开时，他的眼神是不是想要吻我，还是想到我家过夜？天哪！那也太快了吧！

直到两人的感情相处到一定程度，女人的疑问也没能减少。

他最近开会有些频繁呢，是不是真的开会啊？他早上没有吻我就走了，是不是觉得在一起了就不需要浪漫了？我今天穿的连衣裙，他看都没看一眼，是不是对我审美疲劳了？

女人哪！终其一生都在纠结自己在男人心中的位置！

所有的疑问，所有的猜忌，所有的质疑，都是围绕一个主题——你爱不爱我？

女人喜欢把“爱我爱我”放在嘴边，以向男人索求更多的爱。可不论男人付出多少爱，她们还是会把“爱不爱我”的疑问塞满脑袋。

这就是独属于女人的怪诞心理学。

女人这种感性动物，但凡沾上了爱情，就更不懂得用理性思维来分析和处理事情，凡事都要与爱不爱联系在一起。

这不能怪罪女人，因为她们的世界从来都是以爱为主导。尤其是陷入爱情之中恐慌而执迷的女人们，这种单细胞疑虑神经会越发严重。

而男人则不同，他们能够做到理性分析，一事归一事，不会闲着没事把什么都拔高到爱不爱的问题上。

换个角度想想，不要把所有事情都归结于爱情。

降低高度想想，爱情其实并不像你想的那样要随处去抓细节、随时寻找凭据，其关键在于，你和他都要学会怎样爱。

学会暧昧地矜持，让他保持进攻状态

那天，在网上看见一则令人吐血的微博，说在原始社会，男人用木棒将看中的女人打晕，然后趁势将晕倒的女人拖至自己的山洞里，洞房花烛。这就是最原始的结“昏”、“洞”房。如此“真相”被网民广泛传播开来，也说明大部分人都认为男人是进攻型动物，女人是被掠夺型动物。

现代恋爱游戏里，并不存在单纯的进攻或者单纯的被掠夺角色。在一段交往中，不论哪一方都有攻有守才有情趣。然而，进攻或是掠夺，我们常常却把握不对尺度。

我在生活中，曾认识过两个性格截然不同的女孩——小岚和小倩。小岚性格内向腼腆，而小倩则性格活泼开朗。她们在感情中就遇见了这样的问题，上星期，两人双双遭遇了失恋。

小岚的问题在于她不懂男女间的攻守法则，将恋爱完全交给男人掌控。而小倩则进攻力太强，有种反客为主的感觉，把男人惊到了，吓跑了！

恋爱中，大部分情况下，男人喜欢追的过程，女人喜欢被追的感觉；男人满足于征服的成就感与快感，女人痴迷于被拥有和被爱包围的安全感。当这两种感觉相辅相成和谐地融入彼此的心里时，爱情就生成了。

那么，男人喜欢追求什么样的女人？

太难追的女人，就像高山峻岭，令人望而生畏。这样冷艳孤绝的女人，看着就让人有高处不胜寒的感觉，还有几人肯追？太容易被追上的女人，就像鄂尔多斯草原，一马平川，毫无波折起伏，令人觉得乏味，这样两人牵手没走几步就会审美疲劳，男人早晚会转身溜掉！

事实上，男人们大多喜欢追求那些看似好追实际追起来又有些难度的女人。这样的追求更有乐趣和惊喜。这种女人并非有什么超出常人之处，只是她们更懂得男人的心理，知道摸索和调控男人试探进攻的触角。她们时而迎合男人的进攻，时而设下路障，时而拨开云雾见明月，时而又那人却在灯火阑珊处。总之，她们时松时紧，进退自如，不会把好东西给男人一口吃个饱，更不会慢吞吞、浅淡淡，让人感觉索然无味。

80后的我，小时候吃过一种糖，这种糖很奇怪，咸甜酸辣苦甜尽有，只有坚持到最后的人才能体味到里面的“甜”。其实，吃到最后，给我留下最深印象的不是甜味，而是这几种味道在味蕾间此起彼伏的波动带给我的惊喜。我一直觉得这个糖的设计者很有诱人手腕。

男女间的交往，同样需要这种手腕，在“主动”与“被动”中，生起情趣波澜。“主动”不代表你要热情如火、迎头猛扑，让男人整天感觉甘甜如饴。偶尔地冷，暧昧地拒，间或给他吃点苦头，他会对你更有兴趣。

主动进攻一个男人，不如勾起他的进攻意识。一个太容易被追上手的女孩，总会遭到男人的无情抛弃；一个太没主动性的男人，总会遭受女人鄙夷的眉眼。一个太主动的女孩，容易被人误解为疯娘；一个太过主动的男人，会被人叫作色狼。主动与被动，是男女在恋爱中都要修行的一门技术课。

女人们需要明白的是，主动与被动并非是相对立的两面。有时候，主动亦是被动，被动亦是主动，而这完全在于你如何掌控和发挥暧昧的矜持技术。

冯梦龙在《三言二拍》里记载过一个狐妖传授如何“欲擒故纵”的故事。

一个少妇，她的相公自从娶了小妾就冷淡了她。于是，每日愁苦的她，为打发无聊，就到隔壁邻居家聊天。隔壁住着的美妇听闻她的遭遇，很是同情，于是决定帮帮她。美妇叫少妇回去，换成用人穿的粗布衣衫，拿一把扫帚，去庭院里打扫。少妇照办了。当相公和小妾从庭院经过时，相公果然比平时多看了她几眼。

几天后，美妇又教给少妇许多化妆和打扮的技巧，将她打扮得非常美艳，然后嘱咐她为相公做一顿饭菜，必须亲手端给相公。美妇要她记住的最重要的一点是，将饭菜端去之后，不管相公如何挽留，她都必须马上离开，如果当晚相公来敲她的房门，千万不要开门。少妇虽然照做了，但心里还是有些疑虑，为什么人都到门口了还不叫他进来，这工夫不是白下了吗？美妇没有直接回答她，又教给她一些房中术。几天后，美妇终于点头，告诉少妇，如果今晚相公再敲她的门，她要先假意婉拒，随后再开门。果然，当晚少妇终于得到了久违的鱼水之欢。后来，有人传说，美妇原来是狐妖。

不难看出，狐妖教给少妇的就是欲擒故纵、欲迎还拒、以退为进的伎俩。这些看似被动的"主动"策略，步步为营，环环相扣，退一步进十步地将局面牢牢把握在手中。这个过程中，需要掌握好矜持的最好力度，既不要冷过了头，将对方拒之千里，也不要令对方被自己的热情弄得懒得进攻。

生活中，愿意动动脑、用用心的女人，总是活得更精致优雅。爱情中，会动脑、用心的女人，总是爱得更如鱼得水，有情有趣。

爱他，想被他爱，那就让他保持高度进攻的状态。

学会暧昧地矜持，你将事半功倍。

PART 3　当情绪化遇见理智化：你什么时候才跟我说对不起

相爱也是两个人：尊重和你不一样的逻辑

林语堂在《女论语》中说，感觉是女人的最高法院，当女人将是非诉于她的“感觉”之前时，明理人就当见机而退。

林语堂先生说的“明理人就当见机而退”，每个男人对外处事大多能做到，但对内却未必做得来。因为他们“懂”理，就习惯处处要跟自己的女人讲理。孰不知，跟女人讲什么都不要讲理。当你决定跟女人讲理时，你就错了！

而女人们呢，处理其他事情靠感觉判断，处理感情关系就更是如此。

男人不理解女人的逻辑，女人同样不懂男人的逻辑。

一本杂志上有这样一则令人喷饭的小故事。

一对刚刚同居的小情侣，在女孩生日那天，说好晚上一起出去吃饭。白天，男孩在家看电视，女孩被闺蜜叫去购物。一

shopping起来，女孩就忘了时间，回来晚了些，见男孩闷闷不乐，她立即有些紧张，忙上前解释、道歉。男孩说他没事。

两人出去吃饭时，男孩还是默默不语，一脸不高兴，女孩一个劲地赔小心，回来的路上，还主动吻了男孩，说她爱他。结果男孩还是冷淡淡的，也没再说他也爱她。女孩的心哪，真是拔凉拔凉的，满脑子小沈阳式的疑问——这是为什么呢？

回到两人的小家，男孩就窝在沙发里看电视，女孩走过去几次示好，男孩都没理会。女孩非常失落，一个人静悄悄地上了床。男孩看电视看到很晚才上床，上了床就爱抚亲吻女孩，随后两人还ML了。

温存过后，男孩翻身睡去。可女孩的心情并没有好转，反而更凄凉了！他怎么这样？以前，他都搂着我说会儿话的，可现在这么冷漠，是不是不爱我了？完了！悲剧了！女孩惨兮兮地默默落泪，却全然不知道，使得男孩一整天不快乐的，是他喜欢的意大利队输了球赛！这跟她半毛钱关系都没有！

这故事说明什么？

男人关注事件，女人关注感觉。男人关注的事件是就事论事的，女人关注的感觉是聚焦男人的。

尤其是恋爱中的女人，最爱把男人身上不论是有意还是无意间散发出的所有气息，都统统与自身联系在一起。

看见男人莫名其妙地笑，女人就想，他为什么这么笑？是外面有情况了，还是觉得我今天这身打扮很傻？

看见男人发呆，女人就想，是不是昨晚我的表现不好？他对我失去兴趣了？他怎么总是走神？是不是看见我没心情了？

看见男人心情不好，女人就开始在自己身上找问题，挖掘线索：是不是我做错了什么？说错了什么？还是上星期，我批评了他妹妹品位低，他还在记仇？

这种问题真是不胜枚举。所以说，男和女，真是不一样。

前阵子，朋友的堂姐在闹分手。问题的始末有点滑稽。

朋友的堂姐三十有余，老处女一枚，年纪不小，眼光蛮高。家里人为她的终身大事急了好多年了，但堂姐对幸福是有个人主见的，如果没遇见好的，宁可不嫁，也绝不凑合。

最后，挑挑拣拣，终于遇见了好的。两人年纪相当，脾气相投，甜甜蜜蜜地交往半年，就把婚事提上日程。

谁知，就在布置婚房期间，两人闹了矛盾，而且越弄越僵，最后到了要分手的地步！

堂姐悔婚，这掀起了两家人的风浪。特别是堂姐家人更是心急如焚，好不容易要嫁了，这怎么又闹啊！

朋友连忙叫我劝劝堂姐，可别因小失大，丢了终身幸福！

我说，把他们两人都请出来吧。

于是，那天朋友做东，请堂姐和未来堂姐夫吃鸳鸯火锅。

一个多小时的四人饭局，我终于彻底把问题搞清楚了。

问题的症结，就是因为新房的灯。

堂姐是搞服装设计的，对审美很有自己的一套。对未来夫家选择的灯饰，她实在是看不过眼，于是私自做主，按照自己的设计理念，重新跑了N次家居市场，终于把新房里所有她看不惯的灯都换了下来，结果装修支出超出一大部分。

堂姐夫看到了，有些不舒服，倒不是舍不得钱，主要是这事她连先斩后奏都没奏!

这明明是两个人的家、两个人的事情，她怎么这么自私，这么不讲理!

堂姐则认为，家是两个人的家，她当然要尽一份力。她看见灯跟整体设计风格不符，其他人又不懂设计，她要跟谁商议？再说，买灯的钱是她自己出的，跑家居市场跑得她腿都要折了，没有功劳也有苦劳吧，怎么就不能理解她这份心呢?

两人因为几盏灯越吵越激烈，谁都不肯让，后来堂姐连婚都不愿结了！这让堂姐夫一时蒙了，却又不肯低头认错。

这样就陷入了僵局。

从整件事上来看，焦点在几盏灯上，体现的却是两个方面：男人要的是尊重，女人要的是关爱。

堂姐没有询问堂姐夫的意见，甚至都没告知对方，就私自做主把新房里的所有灯都换了。不管对方懂不懂设计，两个人的事情，对方应该有知情和参与的权利和义务。你把擅长做的事情包揽了，没有错，但让对方知晓，这是最起码的尊重。

而堂姐夫一再说堂姐自私、不讲理，其实，他没有看到事情的“情”，只看见了“事”。堂姐这样做，是因为她对新房的布置有要求，也就是对未来的新生活充满憧憬。她对新房投注精力财力，是她对家的期许和爱，这份期许和爱，也是对这个家男主人的。

我指着面前的鸳鸯火锅，问堂姐和堂姐夫哪个口味最好？他们支吾了半天说不出。

当然说不出！喜欢吃辣的人，会说辣的好吃；不喜欢吃辣的人，就会说不辣的好吃。

仁者见仁，智者见智。事事没有绝对的对与错，世间更不存在一把衡量万物的不变标尺。

男人理性，女人感性。发生矛盾时，男人句句要求讲理，女人字字要有情有义。这两种逻辑碰撞到一起，不热闹才怪呢！

或许，男人的思维逻辑更合理一些，女人的逻辑更合情一些。

合情也好，合理也罢，凡事都掺杂着情与理，分也分不清，男人与女人的两种思维逻辑就更让人分不清谁高谁低、谁对谁错、谁好谁坏。

美国有本谈交流的书，第一章就开宗明义：你必须确立一个观念——你交流的对象，不管是同学、同事、父母、师长，还是亲人、谈判对手，你都不要以为他和你是一样的人。在同样的情景面前，你看到的，他们可能看不到；他们看到的，你可能看不到。他思考的逻辑也和你不一样。不管他和你多么不同，你都要尊重他。学会交流，就是学会尊重和你不一样的逻辑。

所以，即便你们相爱，也是不同的两个具有独立人格的“自我”。

要爱，就要记得先尊重。

尊重他，尊重他与你不一样的逻辑。

有时候，宽容比改造更重要

周末上午，安妮打来电话约我出去逛街。

安妮最近很忙，作为准新娘正忙于购置嫁妆，拍摄婚纱照。没想到一见面，安妮忽然对我说，不知道还要不要嫁给这个男人。

安妮说，交往的时候，觉得他各方面都挺好，自从打算结婚，上个月就跟他住在了一起，可是没想到，这一同居，问题就来了，他不讲卫生，穿过的袜子，隔天又拿起来穿！

还有，他总是吃那些方便食品来应付一日三餐，我要做，他也还在一边说等结婚后再开伙，现在就这么一顿顿地做多麻烦！

还有，他周末的晚上就打通宵网游。我下载了爱情片，买了零食喊他陪我看，可喊了半天他都不理人！

还有，他喜欢裸睡，这个我可受不了！我在家睡觉的时候，可都是穿得严严实实的！

你说！他这么多毛病，我将来可怎么跟他生活在一起？想想

就心烦，我真担心以后跟他过不下去！我可不想离婚！

安妮的表情越来越凝重，她居然还想到了“离婚”！我耐心地听完了她的倾诉，说：姑娘！现在是让你跟一个活生生的大男人过一辈子，不是跟一台 ATM 机过一辈子！是人都有缺点！就算 ATM 机还有时没事玩点非主流，没完没了地吐吐钞票玩呢。

其实，我的意思是说，安妮的完美意识又发作了！

安妮的男友我也认识，一个很不错的小伙子，人长得精神，幽默风趣，对人热情，又孝敬父母，对安妮更是百依百顺。小伙子谈了两年恋爱，好不容易两万五千里长征就快结束了，就因为婚前同居的这一个月里，暴露了眼前的毛病缺点，就被安妮一脚踢出局，真是不应该。

我为安妮的男友鸣不平，安妮跟我有点急：你怎么帮他说话！

我笑：傻妹妹，我帮他说话，就是在帮你说话啊！这么好的男人你不要，损失的可是你！

你说的那些毛病，几乎每个男人都会有的！而且，很有可能别人的毛病更多呢！是人都有毛病，都有缺点，就算名人、伟人也有这样那样的毛病。有些人的毛病奇异古怪，有些人的毛病见怪不怪，只要不影响正常的婚姻生活和交流，你又何必大惊小怪？！

安妮苦恼地说：可我想让他改好啊，他却只坚持了半天，就又马上原形毕露了。

我笑：二三十年落下的毛病，因为你几句话就改了？太天方夜谭了！你这个喜欢杞人忧天、多思多虑、完美主义的毛病，现在叫你马上改了，你能做到吗？己所不欲，勿施于人。

随后，我给安妮讲了一件真实的事情。

一次，我到外市一个朋友家做客，她的邻居是一对外国夫妻。这对夫妻很喜欢中国文化，就租住了我朋友隔壁的房间。

当时，先生听说我是研究婚恋心理的，就很有兴致地跟我聊了起来。他说，他跟他老伴一起生活了二十几年了，刚结婚的半年里，都在为一个东西作斗争。

我问：什么东西？

他笑了笑，说：马桶盖！

这答案着实把我噎了一下，我预感老先生的故事很有意思，于是，继续听他说下去。

老先生说，刚结婚，他和老伴就因为马桶盖是该开着好还是合上好争执不休。他觉得马桶盖开着可以保持通气顺畅，再说，使用也方便。他太太则认为马桶盖应该合上，因为那样才文明。

两人各持己见，谁都不肯让步！在蜜月里，两人因此事也不说话了！

太太也赌气，做饭不带他的份，洗衣服也没他的。他呢，气咻咻地搬到客房里睡。

这样冷战了一周，两人都坚持不住了，又和好。

可是马桶盖的事情还是没解决，两个人，觉得开着好的还是开着，觉得合上好的还是合着。

刚和好时，还能容忍，时间一长，太太就又嫌弃他把马桶盖开着不好，两人又为此事吵起来。就这样反反复复地折腾了半年，双方终于都消停了，谁都不再管谁了！

该死的马桶盖，愿意开着就开着，愿意合着就合着！

这下天下太平了！

不纠结了，两人反而过得轻松自在，感情也更甜蜜了。

老先生笑笑说：想起那时的争吵真是幼稚，不过还好，后来，我和她都吵厌烦了，也就都睁只眼闭只眼了！夫妻间相处，重在宽容！一点点小毛病，没必要那么较真！

太太也说：我爱他，他爱我，我们总不能傻到因为一个马桶盖就选择分手吧？

是啊！

总不能因为他不洗袜子就提分手吧？

总不能因为他不爱做饭就不结婚吧？

总不能因为他喜欢裸睡就不嫁给他了吧？

这样的分手理由你想得出、他接受了，那才叫诡异！只能说你和他都有病！

每个人有每个人的生活习惯，交往中的男女在相识之前，处在不同的生活环境和轨道上，彼此的身上都日积月累了这样或者那样的毛病。一方强制对方，把已经存在了二三十年的毛病在当下立即改正，那实在是太不人道了！

两个人在一起，不是为了使对方更优秀、更完美，而是为了比一个人生活更幸福、更快乐。

你把全部精力都放在为对方纠错、敦促对方改错上，那样只会让你变得越来越苛刻、越来越不可爱了。爱情是经受不起这样精细的折磨的！

当然，对对方的健康、安全造成极大危害的毛病和坏习惯，较真是必须的，必须勒令他改正！

但某些无伤生命、无伤大雅的毛病，你又何必揪住不放？

别把 QC（quliaty control）的精神拿到爱情里来，爱情不是流水作业制造出来的产品。爱情是艺术品，需要你和他用爱与宽容来摸索成型。

你实在看不惯他的某些毛病时，也多想想自己身上的毛病吧。

没有人是完美的，我们也没必要刻意去完美。我们只要好好地相爱，在一起，就足够了。

若纠结了，想不开了，那就试着睁只眼闭只眼吧，别总想着改造谁！

学着宽容一些。别让“鸡蛋里挑骨头”的毛病成为你们幸福的绊脚石，那真的不值！

即使形影不离，也要让彼此有自己的空间

上个月，禁不住闺蜜引诱，我被她拉去台湾看日月潭。

到达酒店的傍晚，闺蜜发觉隔壁住着位长相酷似王力宏的单身旅客，忙过去搭讪。我一个人无聊，就出外走走，看看海岛景致，结果与凯琳不期而遇。

凯琳是自己一个人来旅游的，她性格很开朗，看见我也是一个人，就与我聊起天来。没想到这一聊，居然发现彼此有许多共同点。我们都喜欢在网上看名牌，看唐立淇的星座节目，看各种八卦娱乐新闻。

但在聊天期间，凯琳的手机不时响起，频频打断我们的谈话。

凯琳有些不好意思地说，是我男友在用彩信给我发照片呢！

说着，她把手机上的照片翻给我看。照片中的男人高大帅气，身后是艾菲尔铁塔。

我不禁大叫：哇，你男朋友在法国？浪漫国度！时尚之都！

你怎么没跟去?

凯琳笑笑：我来这里看日月潭不是也很好吗?

我问凯琳：你男友这么帅，你就不怕他旅游时被迷人的法国姑娘抢跑了?

凯琳很潇洒地甩甩头发，告诉我：注定要发生的，你躲也躲不过，对对方不信任，对自己魅力没信心，就算他守在你身边，也是照样会劈腿的!

不得不承认，凯琳说得很有道理。可我还是不懂她和男友分开旅行的行为。

凯琳笑着告诉我，其实这是他们两人共同想到的爱情保鲜方法。

之前，两人交往，总是恨不能时时刻刻都拴在一起。相亲相爱无间的交往，给爱情带来浓郁的滋润，同样也引来不少摩擦烦闷。

比如，男友喜欢看NBA篮球赛，她喜欢看言情剧，每次她拉着他陪看电视剧，他都左挡右挡，最后还得她动用武力才把他捆绑到身边。她是满足了，之后的若干天，却听见男友不断埋怨，错过了那场现场直播的比赛。

比如，她报了健身班，教练是个肌肉威武男，待人很贴心，男友不放心，于是也报了健身班，时刻监督，搞得她健身没有成果，倒是把男友累得瘦了好几斤。

还有很多很多，就是觉得越相恋，越不自由，越不快乐了。

后来，凯琳和男友总结出距离产生美。

所以，每隔几个月，他们就会暂停一下同居生活，各自搬出“爱巢”，回到自己的小天地里，像以往一样，约会、吃饭、看电影，却不住在一起。偶尔失去联系几天，再次相见，总会增添不少眷恋。

这次，两人同时休年假，一个决定去法国看艾菲尔铁塔，另一个决定来台湾看日月潭。

凯琳说：这样分开旅行，既看了自己想看的景色，还给对方做了实时导游，花一个人的旅费，游览两处地方。不仅如此，这种若即若离的距离，其实更有益爱情身心，岂不是一举多得?

嗯！的确很有想法，很有智慧！

而像这样处于爱恋中能懂得爱情智慧的人我也曾见过。

一位爱耍“小聪明”的姑娘，每次给男友煮咖啡都只放一半方糖。超市买来的方糖都是整块的，为此，她要先将方糖弄碎。

有一次见她这样做，我禁不住感叹：你可真体贴，现在很少有女孩子这么费心思控制男友的食糖量了。这样的小动作，却可以减少你男友得糖尿病的概率。

她笑着对我说：这是其中的一个原因，还有更重要的一个原因是，我想让他记住我煮的咖啡跟别人的不同。

姑娘接下来跟我说了她与男友相处的“半糖主义”事件。

起初，她不过是男友众多备胎中的一个。对于倒追，不过是女孩以主动的姿态，得到被动的地位。尤其在优秀男人的四周，充满异性诱惑，走出倒追第一步，的确需要勇气和智力。

那些倒追的姑娘，多半是采用全方位立体式的猛追；而她呢，反其道而行之，不但撩拨起了男人的好奇心，居然还让男人主动约会她。

交往后，她总是记得，用“半糖”甜度滋润出两人的感情，而男友反倒觉得她有个性，有魅力。

放太多方糖的咖啡容易使人生病，放太多甜蜜的爱情容易使人生腻。

想让爱情细水长流，就不要把内心的爱一次性启用，塞满对方生存空间的每个角落。那样做得到的结果只能是，你累他也累，爱情环境立马变得拥促紧张，无法呼吸。

给对方空间，也是给自己自由。

爱情不是侵略，是共融互补。你与他相爱，融合共同点，互补缺点，容纳彼此的差异，才是真正的相处之道。

世界上，不存在完全相同的两片树叶，更不存在没有差异的两个人。每个人都有自己最私密的小空间，这是其自出生就存在的，你不能因你爱对方，就可以不顾对方的感受，擅自去改变。

太甜的东西容易令人生腻，太满的付出令人消化不起。

你自以为向对方付出了满满的爱，也该得到满满的回报，但爱是个奇怪的东西。

人的心中总是向往甜蜜。一旦甜蜜满溢成为现实，他就又会觉得索然无味。

那些好女人被甩，哭着喊着问理由的时候，不都是听见男人无奈地叹息说，对不起，你太好，令我有压力?

或许这是借口，可未必不是理由。

男人也好，女人也罢，在完整付出自己的时候，就会忽略自我存在，而同时在另一方面也忽略了别人的自我存在。

当爱情构成压迫力时，就形成了伤害力，减弱了彼此的吸引力。

世上没有好的感情，也没有坏的感情，只有你用不用心的感情。

学着用一点心，做点小聪明，在甜蜜里加点苦，在亲密间留点疏离，让彼此爱得更轻松自由些。

进！他就是故意地要逗你！

每次都弄得我不好意思再跟他吵下去！

有时候，觉得两人之间平淡了吧，我就想找个茬跟他吵，想听听他的幽默伎俩。

可是呢，一跟他吵起来，只要他一开口，我这边气就消了，真的一点吵架的气氛都没了！你说，吵架的两个人最后笑得抱在一起，这还能叫吵架吗？

所以，我说，跟他吵架呀，是最有意思，又是最没意思的事情了！

听着小贞的解释，我从她脸上看出了显而易见的幸福感！不得不羡慕她有个聪明智慧的男友，懂得用幽默剔除争吵中的伤害因子。

然而现实中，这种男人并不算多。

上星期，我见识了这么一位十分没有幽默感的成先生。

成先生与女友相恋一年有余，大的波折没有，小的争吵不断。

成先生说，他真是搞不明白，女友让他滚，他真的滚了，结果女友又怨他怎么不理她。女友说他做的菜不好吃，他就真的不煮了，结果女友又生气了！女友说他整天用电脑对身体不好，他就把家里的网线拔了，搞得女友好几天上不了网，又吵了一架！

等成先生叙述完，我满头都是冷汗。我问：你们还没分手吧？

成先生点了点头：还没。

后来，成先生抱怨道：我怎么忍让她都不满意！我真是头痛！那天终于受不了了，我就把所有的所有都说个痛快，她被我气得当场哭了。后来，我也不知道怎么办才好，只得服软，一个劲地跟她道歉，骂自己混蛋，骂自己不会疼女人。她这才收了怨气。

我终于明白什么叫沉默是最有力的反抗了！

成先生以为“听话”能使女友消气，其实，女友看见的却是他一系列行为的潜台词：哼，你让我滚，那我滚好了！你说我做的菜不好吃，那我不做了，你没得吃！你不让我玩网游，我掐网线，你也别想上网淘宝！

他几次这样顺从，在她女友看来就是一种沉默的抵抗。

女人真让人搞不懂！

听了成先生后面这段话，我大呼万幸！万幸，成先生在最后关头还懂得服软，还懂得装可怜，还懂得站在女人立场上卖好！这真是误打误撞的幽默技巧！

幽默可以给你的生活带来许多乐趣，也可以挽回一些情绪危机。

争吵中运用下幽默技巧，让争吵笑着散场，总比哭着收场要好很多。

都说，人与人之所以吵架，是因为彼此想搞明白对方在想什么，想说明自己的观点和立场，或者在事理上战胜对方。这种巅峰对决的沟通方式，大多难以控制火力，没较出来个高低上下是很难歇火的。

有研究证明，人在发怒时，智商系数明显下降。争吵，本来是想解决问题的，结果情绪调动起来，智商掉落下去，火气上去了，反而影响了问题的解决。

决定人与人真正吵起来的，不过就是肾上腺素在问题的引发下蓬勃上升的前几分钟。

当你与他真的吵起来时，如果你在那之前的几分钟实施了幽默软化，那么吵架的结局就很可能是乐观的，至少不会越吵越凶。

毕竟吵架也是需要回应的，当一个人吵得凶猛，另一个人则装可怜、博同情，或者是运用点搞怪幽默技术，弄得对方想笑，那么强势的一方，自觉没有强劲对手，也就吵不起来了！

所以，学点幽默技巧吧，用在实处，用对场合，就会让你们的争吵变得温馨无比，越吵越相爱。

充分利用现代化工具：发短信、写 E-mail……

那天在朋友家里，朋友塞给我一本《爱眉小札》，并叮嘱我一定要仔细读读。

《爱眉小札》是徐志摩和陆小曼在上个世纪 20 年代顶住来自家庭和社会各方面的压力真心相爱、相许所写下的一组书信。

我拿起来随意翻看，结果越看越入迷。

“幸福还不是不可能的”，这是我最近的发现。

今天早上的时刻，过得甜极了。我只要你；有你我就忘却一切，我什么都不想什么都不要了，因为我什么都有了。与你在一起没有第三人时，我最乐。坐着谈也好，走道也好，上街买东西也好。厂甸我何尝没有去过，但哪有今天那样的甜法；爱是甘草，这苦的世界有了它就好上口了。眉，你真玲珑，你真活泼，你真像一条小龙。

徐志摩用这些发自心灵的文字成功地打动了陆小曼。想想在1925年，一个才华横溢、多情的诗人，写下这样炙热深邃的文字，他的爱是足以令任何一个女人为之心颤的。

民国时代，人与人之间的情感多是通过电话和书信传递。那时的人们没有手机，没有网络，没有QQ，与身处科技高速发展的今天的我们相比，他们的交流只能使用原始而拙朴的方式。

然而更令人觉得是黑色幽默的是，身边有许多工具和科技支持的我们，却越来越不懂得如何交流，也越来越倦于交流。

我们被众多通信工具包围着，也孤立着，孤独却又懒惰。

John身为IT界新贵，在世界五百强企业中任职，有很强的能力、很广的交际，口才也是一级棒。就是这样一个男人，刚刚告诉我，他与女友之间存在的问题是，他不懂沟通。

他有些不好意思地告诉我，他的女友觉得他是根木头，她觉得自己在跟一根木头谈恋爱，觉得很疲惫，很无趣。

John说，他与女友在大学时就认识了，大学毕业一起来到这座城市打拼，随后同居在一起，很快各有各的事业，平时很多时候，就是被各种柴米油盐的事情包围着。

女友在一家培训学校上班，晚上还为几家杂志社赶稿；而他，经常陪同老总出外参加公司会议。城市生活的压力很大，尤其是在那么多人的企业里，竞争如此激烈，你今天不努力，明天就会被挤下去。

哪有情致和精力去搞浪漫？

难道还要他像五六年前那样，买 999 朵玫瑰跪在地上说爱她，去电台点首情歌，叫 DJ 念那种酸掉牙齿的情话？

John 说，那些花哨夸大的事情，他做不来。

男女相处在一起时间久了，就会出现这样那样的问题，这是很正常的，正常到你稍不留心，这些问题就会乘虚而入。这些毛病不会让你丧命，却会令你不舒服。

男人总是嫌女人要求多，女人总是觉得男人一点不用心。

问题的焦点在于，男人因为被爱而变得安逸舒适，不喜言语。

很少看见，那些已有爱侣相伴的男人，还总是叽里呱啦地对自己的女人说个没完。男人的口才一般在追求的过程中发挥殆尽，当一段感情关系成形之后，一种心理安逸感就会让他们偷懒。

而女人终其一生都希望从男人的言语行为中感觉到爱。让女人感受到爱的方式不要是无声无息、无形无状的，因为太缥缈太抽象的东西，会令她猜测生疑，反而会起到反效果。

我给 John 的第一条建议是，他真该好好感谢下女友忍了这么久！

真的，女人，尤其是恋爱中的女人，最受不了自己身边静如死寂。

你爱她，就该想办法，让她真真切切感觉到。

不要觉得你的女友麻烦！因为每个女人都这样！

男人总是用工作、用现实，作为自己的借口，搪塞爱人。

在错过了他的颁奖礼的时候，对他说句“对不起”；

在为着孩子的入学问题吵得天翻地覆之后，他和她都不忘说一句“对不起”；

她在雨中不小心跌坏了腿骨的那次，他抱着她说了无数次“对不起”。

太多太多的“对不起”，有轻有重，有愧疚也有反思，更多的是疼惜和爱怜。

都说，情人间吵架，最先转身说“对不起”的那个人是天使。但是，天使若总是转身道歉，也是会累的。别要那么累的爱情，别让太重的“自我”拖垮你们的爱情。对他说句“对不起”，你并没有失去爱情里该有的尊贵和宠爱，反而会令对方觉得，你是个温柔包容的爱人，他会因此更珍惜你和你们之间的爱情。

很多时候，“对不起”是一句比“我爱你”更令人感觉柔软暖心的情话。不要将“对不起”当作恕罪语，爱人之间没有绝对的对与错，也不存在什么高与低，你与他之间有的只应该是爱。

请记住，爱人之间，为爱说的每一句“对不起”，无论什么时候，都是解决问题最奏效的方法。

PART 4 当争吵按下replay：重复争吵，谁是最后的胜利者

男女心理特点差异，是“较劲”的主要原因

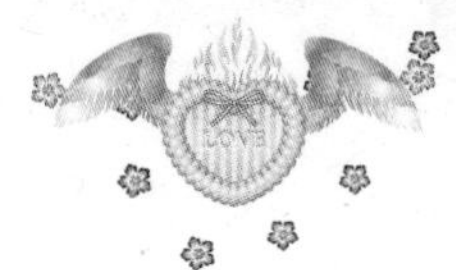

有句话叫作“男女有别”。

男人阳刚，女人阴柔；男人粗犷，女人纤细；男人豁达，女人敏感；男人喜欢保护人，女人渴望被保护；男人称自己大丈夫，女人更愿做小女人。

男和女，虽然都是由胚胎一点点分裂发育而成的生命个体，但这两种生命个体除了有生理结构的不同外，还存在心理差别。

这差别作用于生活中的方方面面，尤其在男女交往中，生理和心理的差异更展现了它对不同方面的影响。

正因为“男女有别”，男女之间才会产生性吸引，才会产生爱情。

正因为“男女有别”，男人才总想占有女人，而女人才总想吸引男人。

正因为“男女有别”，男人很多时候才都谦让宽容女人，而

女人很多时候才总想对男人撒娇要宠。

正因为“男女有别”，男人才对女人既爱又怕，女人才对男人既抱盼望又不时失望。

曹雪芹在《红楼梦》里写到，男人是泥做的，女人是水做的。

我曾跟朋友开玩笑说，其实谈恋爱就是一男一女卯了劲地往一起和稀泥！

其实，这并不是我首唱的论调。早在元初，我国书画大家赵孟頫的妻子管道升在《我侬词》中写男与女相爱，就是打碎一个你，打碎一个我，用水调和，再捏成一个你，捏成一个我，最终你泥中有我，我泥中有你。

看，多么朴实又深刻的情爱自白，难怪读了这首词之后，赵孟頫这个老男人没再提及纳妾之事！

男女间相爱相恋的过程正是如此，打碎“自我”，与对方融合，形成一个新的“我”和新的“你”的过程。

这个过程中充满喜乐忧伤，充满嬉笑愁闷，充满小情小调，充满山盟海誓，也同样充满着争执吵闹。

在我对众多案例的调查分析之后，我发现了一个问题，男人和女人争吵，往往并不是问题无法朝一个方向解决，也并不是彼此不能互容对方的意见，而是，双方都误解了对方关注的点！

在同一件事情上，男人关注的点在“事”上，而女人关注的点在“情”上。

我的客户成先生上星期与女友发生了争吵。

两人坐在沙发上，吵来吵去，问题的起因是，成先生的女友又一次遭遇了变态上司的恶整。

当女友回到家，栽倒在沙发上，开始跟男友抱怨时，成先生是如何表现的呢?

成先生态度警醒而冷静地帮女友分析问题，要怎么看待，怎么调整自身情绪。女友开始不耐烦了，又说了变态上司的许多恶性。成先生又提出了几点建议，用自己在职场上的经验，给予女人正面指导。

女友不满意，依然苦恼摇头。

成先生又提出要不要请客吃饭，缓和下紧张关系?

女友依然不满意，又开始大肆诉苦，而且觉得他对她不理解，提出异议。

成先生举手投降，问女友：要不辞职了吧?

女友大叫：你有没有听我的问题?

成先生终于受不了了，开始咆哮了：你到底要我怎么样呢?我告诉你怎么调整心态，你不听！告诉你怎么处理跟上司的关系，你还是不听！我提了意见，你不采纳，就只知道自己委屈！你这个样子，怎么在职场上混?我说了这么多，句句都是为了你好，你怎么就听不进去?！

男人啊！你说这些大道理、大策略，女人大都听不进去！

女人是情绪化的动物。她们心里发堵的时候，脑子里也跟着发堵。她们只注意个人感受，哪里听得进你这么多意见！

她跟你说这件事的本因，不是要你给她讲什么职场三十六计！她跟你说这件事，只是想从你身上得到安慰、呵护。看见你为她着急，为她心疼，她心里才能满意！

其实，这种情形下，作为男友，要做的很简单，就是拥抱她，安抚她，听她一直说完，直到她将所有怨气都发泄一空。

女人需要你做的，只是你静静聆听和温柔抚慰，从“情”的出发点上照顾她的心情，体会她的心情，理解她的心情，然后，使她的心情由低潮走向平和。

怒气消了，心情好了，你再问她怎么解决这件事，她会回答得比你还透彻！

女人不是不懂职场，不是不会耍三十六计，也不是真的被变态上司逼得想自杀、要辞职。她在男人面前表现弱小，肆意流露自我情绪，都是因为，她们想要男人的爱和温柔。

在男人面前的女人更女人。

曾有份调查，在两个班里举行考试，对其中一个班的女生进行了考前辅导，结果，考试成绩一出，发现接受了考前辅导的那个班的女生的成绩普遍高于同班男生，而另一个班的女生却跟平时一样，成绩大多都比男生要低。

这就说明一个情况，在考场中，有男有女，女生在没有接受心理辅导的情况下，就会表露出女性在男性面前示弱的潜在心理意识。

女人对男人的感情依赖在潜移默化中影响了她生活、工作中的许多方面，当然也时常影响她对事情的判断。

譬如，成先生只注重帮女友分析事态发展，而没有像女友所期盼的那样表露情感关怀，结果女友就觉得男人不爱她、不关心她了，跟她没默契了！

可男人心里感到冤枉、不解啊！他根本没意识到，自己说了这么多，却没一句落在女人的心理渴求点上！

事实上，这并不难理解。

我们总是能够认识到男女有别的生理差异，却忽略了男女间心理的差异。尤其是，两人关系越亲近越在乎对方的时候，就越容易忽略彼此之间的心理差异，总是觉得，爱上了，你是我的，我也是你的。男人与女人爱到情浓意浓、不分彼此时，也就更易忽略“男女有别”了。

在遭遇同一件事情时——

男人更理性，女人更感性。

男人倾向于理性地分析解决，而女人倾向于迂回辗转于男人的态度。

男人透过问题看世界，女人透过问题看男人。

男人从正面直击问题内核，而女人总在问题的侧面、背面、反面以及对立面的各个角度敲击男人的情感感应力。

男人的思维总是太富逻辑性了！女人的思维总是太富想象力了！

女人可以把男人对每件事情的反应都联系到男人对她的反应！

哦！女人真是烦哪！这真要男人的命！

而女人左一句暗示，右一句诱导，等来等去，还是没能等到她要的安慰和怀抱！

哦！这个男人真猪头！

没办法，女人和男人天生就不一样！

所以，当“心理有别”的一对男女争吵个不停的时候，他们多半是还没意识到彼此理解角度的不同，或者太不懂谅解彼此的不同，而执着地较劲个没完！

美国心理学博士约翰格雷说过，男人来自火星，女人来自金星。这一点都不假。因为来自不同星球，拥有不同思维模式，男女间的相爱才更美丽更有趣，当然，也更有挑战力。

但只要意识到这一点，懂得相互宽待，交往中，少一点较劲，别把各种差异作为双方较劲的角力点，那么，相处下来，才不会那么既不讨好又很吃力！

争吵有法：从对方的招数找对策

前几天，我跟 W 先生讲“后发制人”的道理时，W 先生有些不耐烦：我不是来听兵书的！你就直接告诉我，琳达她总是跟我吵个没完，我该怎么办？

我说：那你就先不要跟她吵嘛！

W 先生又问：不吵怎么解决问题？

我笑：你们吵了这么多次，真的解决问题了吗？

不用 W 先生回答，我就知道一定没有，不然，此刻他也不必坐在我面前了。

W 先生与女友在同一座办公大楼里上班，两人所在的公司是邻居，自从确立了恋爱关系，两人很快就进入了如胶似漆的热恋阶段，随后，便自然而然地住在了一起。

可是问题也接踵而至。

先是，女友决定要按她的风格来装修一下房间，随后，女友又提出了房间清扫程序若干条目，两人执行轮班制。后来的几天里，女友又提出这样那样的想法。就这样，原来他一个人的房间，几下子就被变了格局。W 先生很苦恼，想想以前的单身生活还真是好。不过为了照顾女友情绪，他还是学习做好，可还是很难得到女友的赞赏。

女友呢，天生热爱交际，纵使双方正在热络交往，也不影响她喜欢的热闹夜生活。泡吧、喝酒、唱 KTV 这些 W 先生一碰就烦，可若是让她一个人去吧，他又不放心。W 先生陪女友去玩了几次，只觉得没兴致，又疲累。女友怪他像根木头，他说女友不该总是出去玩、那么晚睡，该多注意身体。女友也对他提意见，觉得他邋遢、没乐趣，不考虑她的想法。

两个人都开始翻账本，给对方找错，然后两人针对几个问题不停地吵，不停地吵，最后到了一日三吵的程度。

我问 W 先生：俩人有没有想过要分手？

W 先生点点头说：想过，可又舍不得分，还是爱她，可是吵起来的时候，又真的很生气。她就是不能听听我说的，我都被她气糊涂了！

我说：是啊，是不是吵着吵着，两个人都不知道一开始在吵什么了？

W 先生不住点头：是啊！可还是得吵啊！这次吵不明白，下次或许就吵明白了！

我笑：这怎么可能！你们俩吵了这么多次，很明显都是在斗气，根本不是在讨论问题！

正如，W 先生说的那样，男女间的交往，争吵确实是一种直接解决问题的方式，但这并不等于所有争吵都是解决问题的快速而有效的办法。如果像 W 先生和他女友这样循环往复地争吵，那么急需解决的问题就不但得不到解决，反而会让双方的坏情绪越积越多，抵触心理也越来越大，结果就会更有害于感情。

争吵是能够针锋对决地交换意见，通常是两个人都以解决问题为目的。而 W 先生与女友站在各自立场上翻对方旧账的举动，就不太明智。这样只能让沟通交流成为一场比谁嗓门大、比谁情绪高的批判会！

当两人情绪饱满、各持己见地争吵时，就会越吵声音越大，越吵越偏离主题，都只想着用自己的气势压人，语势盖人。而且吵到白热化的时候，甚至能骂粗口、扔拖鞋、抛狠话，一个劲地放毒，私底下修炼的那几门独门功夫都派上用场了！

盛怒之下，大脑出现短路，智商也无法回流，如何思考你提出的问题？如何改善你们的关系？这种充满荷尔蒙迸发的“口舌争斗”，自然是无法解决问题的，而且还会伤害到彼此的感情。

辩论中，正反双方你一言、我一语，各自抓住对方论据中的缺陷、论证中的歪理等，逐一进行辩驳，使其论点最终无法立足！这种辩论是聪明人之间的争吵！人家的聪明放在刀刃上，不是用在荷尔蒙发泄上！

男女交往中，交集的是感情，往来的是智慧。这个智慧不是英国门萨天才测试的结果，而是你的情商指数。

男女间的交往，可以看成是一场棋局，你出一子，我观其四面八方的走向，然后封你去路，挖你墙角，压你边界，挡你杀机。

所以，处于爱恋中的男女间争吵，并不是要真的把谁驳倒，灭谁后路，置之死地而后快，而该是等对方先出招，之后“见招拆招”，以观后路，伺机而动，最终解决问题。

不要急着用“热炮”对冲他（她）的“热枪”，要学会先“冷处理”，把问题放一放，让对方的话在脑子里都过一过。看清对方招数，“知己知彼，百战不殆”，才能打把握仗，做靠谱人。

有效率的争吵，不是针尖对麦芒地你一句我一句，说不死你也要用嗓音压死你！试着用迂回婉转的策略去解决你与他（她）的争端，这种聪明人的应对方式，更适用于亲密爱人之间的意见对接。觉得对方说得有些道理，那么采取积极行动迎合改正；如果对方说得没理，咱再实话实说。

这里的“道理”并不是事实真理，而是爱情中的“理”。

当然，爱情中的“理”也同样不辩不清。你觉得我哪里做得不好不够，叫我改，可以，但你也要听取我的意见。两个人在一起不是为了让各自过得更舒服，而是为了在一起更舒服，那么为此就要舍弃一些“自我”的部分，考虑和体谅下对方的感受。这种考虑和体谅，在有目的的争吵中，只会让爱情更甜蜜。

不吵的爱情，未必甜蜜无虞；没完没了争吵的爱情，只会让人无力。

辩论会中双方争吵求的是真理，爱情里男女争吵求的是和谐。

你吵我也好，我吵你也罢，我们都是想对方能听懂自己的话，懂得维系彼此间的感情。

做个爱情里的聪明人，下次争吵时，学会以退为进，后发制人，这样爱情之路才会更通畅。

博弈需要耐性：有耐性才能 Hold 住爱情

《伊索寓言》中《乌鸦与狐狸》的故事，讲的是嘴上叼着一块肉的乌鸦，为了保有这块肉，始终坚持着不说话，但最后还是没禁得住狐狸三寸不烂莲花舌的频频巧言攻势，张口唱歌，结果肉掉了下来，成了狐狸的口中餐！

大家都知道故事的主旨是讽刺那些如乌鸦一样虚荣心比较强、自以为是、爱炫耀的人，然而，我却看到了那只馋嘴而狡猾的狐狸很有耐心。

中国有句俗语说："心急吃不了热豆腐。"这句话常被用于男人对女人的追求中，我觉得很恰当，只是不全面。

在恋爱时，男女双方都需要保持一定耐心，才能真正征服对方。

有耐心的人，才能成为笑到最后的人。

恋爱是一场游戏，同时也是一种竞技，拼的是脑力，斗的是情商，靠的是耐心。

你爱我，我爱你，一开始，彼此并不是十分知晓。

要如何知晓？靠猜，靠哄，靠追，靠躲，靠求，靠拒，靠伪装，靠夸张，靠很多爱情攻略。

恋爱中的男女之间总是要博弈一番，才能把彼此心意摸索得明白，才能搞清楚彼此是否匹配。但这一招又一招、一式又一式地试探过去，若没有点耐心还真不行！

尤其在恋爱过程中，小打小闹不断，大吵特吵常有！两个人越是在乎彼此，就越是容易一吵再吵。

当重复争吵，感情亮起红灯时，我们需要怎样应对？

艾伦与女友是在一次去西安的自助游时认识的，至今相恋两年。两人兴趣相投，都热爱旅游，喜好烹饪、研究各国料理，闲暇时喜欢到处淘碟淘书，做手工陶艺，去郊外采风。

艾伦是标准型的 ABC，女友有五年的留学经历，各自对东西方文化都有所沾染。大体上看，两人在生活中是特别般配的一对。

然而，相处中，不可能没有矛盾摩擦，有了矛盾摩擦两人就会争吵。而艾伦受不了争吵，常常是还没吵几句就逃掉，把女友一个人扔在那里。因为这个，下次重聚，两人还会因为一点事情再次发生争吵，艾伦也会再次逃掉。

我问艾伦：为什么要这样？

艾伦抓着头发，极其痛苦地回答我：我一听见争吵，脑袋就疼！哦，真是太折磨人了！

我问：那你逃避，真的解决你们的问题了吗？你知道你这样的举动在女友眼里是什么吗？

艾伦说：她说我对她不耐烦，不考虑她的感受。其实，我就是为了考虑她的感受才不想跟她吵。我这样做错了吗？

我告诉艾伦，他的这种处理方法其实是在向女友释放一种冷暴力。我们在发生矛盾冲突时，通常采取的方式有热暴力和冷暴力。热暴力就是迎头直击，誓死也要跟你争个对错，争出个“理”来。这种方式，我们一般人都知道，除了能发泄大量激昂躁动愤青式的情绪，消耗大量的卡路里之外，得到的积极作用少之又少。而冷暴力呢，就像他这种，我不想听你吵，我也不想跟你吵！你吵你的，我惹不起，躲得起！

艾伦的方法看似是切断了争端，其实却给以后埋下了隐患。譬如，在下一次争吵时，上次他表现出的没耐心与拒绝沟通，很自然地就会从女友脑海里翻出来，呈现于眼前，从而导致争吵升级。

男人的躲避，对女人来说就是一种击打在精神领域里的武力。这种武力，对女人的心理伤害很大，直接令她对这份感情的真挚度产生怀疑。

有多少女人感叹：我都不知道怎么办，每次跟他提意见，他都比猫跑得还快！他就这么讨厌我吗？

其实男人想的是：我真受不了她吵我！我讨厌这种喋喋不休的局面！如果她不那么烦，还是个不错的女人。

对待吵架就像对待脸上生出的一颗大大的青春痘，热暴力的人一定要把它清除，挤、挖、用药物催化、用器具拔，各种暴力手段都用上，为的是一定要“灭”了它；而冷暴力的人就选择漠视、选择忽略、选择装傻充愣，我看不到、听不到，我走掉，行了吧？

当然行不了！痘还是那个痘，你还是那个脸上长痘的你。它只要存在，就有可能再次“暴动”。

逃避，无视，冷淡，不过是自我暂定的心理屏蔽，这样的心理屏蔽却并不靠谱。

或许你觉得在争吵爆发时，暂且分开，能够给彼此冷静思考的时间，将问题想个清楚，但这往往是事与愿违。女人对男人每个态度的想象力都十分丰富，她会抓住一点微表情进行天马行空地追索，最后落脚点都在男人爱不爱她这件事情上。

哦，你走！你走就是不要听我说的！难道我说错了吗？难道你没做错吗？你不改，还连倾听的耐心都没有！你气死我了！你分明是不爱我！

你自以为留出了两人的 calm time（冷静时间），其实质却是对矛盾点的放任不管。你逃出了争吵现场之后，心里大呼：终于逃开那个疯女人了！她真是疯了，那么一点事，居然跟我吵了七次！

是啊！她是想跟你吵一次就解决了，可你每次都没等她把预先准备的台词说到三分之一就跑出“片场”！男女主角，少了对方，这场戏，你要她怎么演下去？自然她只能是气上加气！

那么如何调整这种恶性重复的争吵局面呢？

我不无恶俗地再次用青春痘来举例，曾有美容医师告诉我，脸上长了痘，千万别用手或者美容工具去挤、压，最好用按摩手法促进它成熟，让它自己冒出来，脱离你。在男女对弈中，我们也可以试着用下这种“按摩手法”。

不要过于猛烈地想要快速地清楚“问题”本身，因为欲速则不达，你们撞击在一处，摩擦出的火药味并不能让你们的恋情达到和谐美好。也不要置之不理，任由它长期盘踞在你漂亮的脸蛋上时不时地发发红、发发胀，影响你的好心情。要有耐性，用点耐心，以少许肯定的台词来做应对，让对方把握“主场”，先把对方情绪稳住，然后进一步渗透，再做对策。

当然，在争吵时，让任何一方将“反抗权”完全交出来，静静听对方吵完，都是非常痛苦的一件事。但只要你耐着性子，听他（她）宣泄，你就会发现，他（她）吵着吵着就失去了继续吵下去的动力。因为对手太“弱”了嘛，他（她）实在觉得争吵无趣！

这就像鼓乐手敲打的铜锣，一只铜锣是无法有声响的，只有两只撞在一起，才能锣鼓喧天！任何事都需要对手，越是与自己实力相当的对手，越是能激起他（她）的斗志。聪明人不会试图用声色俱厉的方式去应对对方的攻击，更不会做个一走了之的没品“对手”。

爱情中的争吵不是非要硬碰硬才分得出胜负。因为，我们不是要把对方打趴下，而是要消减他（她）怒火中烧的气焰，从心理上收服他（她）。

“你进我退，你驻我扰，你疲我打，你退我追”，需要的是耐性与“以不动应万动”的低调策略。

耐得住性子的人，才能分到最大一杯羹，成为争吵中的胜者。

争吵时需要如此，在爱情中很多方面很多时候进行博弈时都一样需要耐性。

有耐性，才能 hold 住你的爱情。

吵架也是沟通：先认错的人比较占上风

那天接到朋友电话，说她加班，要我帮她接孩子。

我赶到幼儿园的时候，小家伙刚刚结束了一场拔河比赛。最终结果是，小家伙因为耍滑头被红牌罚下！

小家伙满脸带笑地说：我本来跟他力气差不多，我突然一松手，就把他轻松带到我这边了！

我想，行啊，这么小就知道偷偷使坏了！

不过，当时小家伙说的话却令我联想到了男女之间的争吵。

情人之间吵起来，总是像两个卖力拔河的人，你不松手，我也不松手，你不认错，我也不认错，你不理我，我也不理你，你不停战，我也不修好！看谁耗得过谁！看谁更给力！

这种死撑着、硬撑着的局面，要么持续冷战，要么大吵小吵不断。积极正面的效果一点都没有，反倒是伤了和气，坏了脾气，更伤了感情！

为什么不把绷得太紧的情绪先松松劲?

幼儿园小朋友都懂得的道理，我们成年人往往想不到，更做不到!

伊莲找我的时候，哭得梨花带雨。

她硬撑着气势，指着挂在假睫毛上的泪珠，说：姐！我被甩了！你信吗？反正你信不信的，都已经发生了！

伊莲这只情场小狐狸，使得出七十二变，耍得开十八般武艺，情场上春季不败，桃花成片，追求者成群，从没跌过分，丢过面，每次都是她甩人。这次遭遇人甩她，不用深想就知道，对她刺激不小。更因为，对方既不是情场圣手，又不是什么极品巨帅，在最当初的当初，不过是伊莲情人储备中的备胎之一。

交往之初，伊莲本着尝新的态度试一试，结果，这一试就用了心，主要原因是，对方什么都会，会厨艺，会修电脑，会开车，会画油画，会打毛线，关键是还脾气好，手艺好，床上功夫好。被男友这么全方位立体式地宠爱着，伊莲情感上就越来越依赖他。

原本以为三个月结束尝新，结果这次却成了伊莲谈过的最长的一次恋爱，用了半年零三天。伊莲说不伤心，不伤心才怪!

我说：既然这么爱，怎么还会把爱情谈坏了?

伊莲流着清汤寡水的眼泪鼻涕说，男友说她被过去那些追求者宠坏了。

伊莲男友的这个说法，我非常同意!

伊莲是娇纵了些，总能想出各种折磨人的法子来证明爱情。

比如，周末休息的大清早，她把男友从被窝里拎出来，要他立即去城东某家糕点店买她爱吃的奶酪蛋糕，而他们住的公寓在城市最西边。

比如，她擅自刷爆男友的信用卡，先斩后奏。

伊莲折磨人的招数真是百出，不断出新招、奇招。那天，她居然把闺蜜叫来配合，演一出色诱情郎试真情意的戏码。

伊莲先是让闺蜜穿上性感内衣，埋伏在他们的卧房里，然后给男友打电话，催他回家，随后，伊莲自己躲在浴室里，制造自己不在场的合理情节，守株待兔地观看男友的反应。

听着伊莲说这些的时候，我浑身冒冷汗！姑娘！你真可以做编剧了！

幸好，男友顺利通过了考验，伊莲心里备感舒坦，觉得自己到底没爱错人！

在伊莲感叹自己眼光独到的时候，事情发生了180度大转弯！闺蜜倒戈了，居然把实情告诉了伊莲男友。随后两人爆发了激烈争吵。这么一吵，就坚持了一个月，两人稍有不快，就提起这件事，反复争吵中两人都不相让！

最近的一次，男友终于不再坚持，决绝地提出了分手。伊莲经历了人生中的第一次被甩。

伊莲问我：我错了吗？我不就是想试试他的真心？

我说：爱情禁不起试验，更禁不起频繁折腾！

但我告诉伊莲，她的局面本来是可以逆转的，只是她自己没意识到。

伊莲忙问我：如何逆转?

我告诉她，如果当初争吵时，她懂得先认错的话，如今就不会铸成分手的恶果了！

伊莲挑起秀眉，十分不解地看着我：姐，那怎么行?！我怎么能跟他认错? 我是女人!

我问：你是女人又怎样? 女人也可以认错! 你怎么不能认错? 你做错了，就该认错，你没做错，也可以认错。

伊莲问：这什么理论?

我答：爱情理论。

一男一女相爱在一起，本来各自有别的两个人，互爱，互帮，互助，互补，互融，互撞，互斗，互掐……

马克思唯物辩证法告诉我们，世界上不存在完全相同的两片树叶，当然也更不存在两个完全相同的人。

正因为不同，男女才会相爱；正因为不同，相爱时才会有争吵。

男女交往，吵架在所难免。

我们每天都可能吵架，跟熟人吵，跟陌生人吵，坐一次地铁也可能因为踩了脚而跟人吵几句。

情人之间的争吵，最怕伤筋动骨，最怕执着顽固，最怕两人都不松口。

其实，只要一方松了力道，另一方自然也就不会再去拉扯那条绳索，不去争那口气了！

伊莲在持续争吵中的态度，显然只想着要占上风，要争眼前这口气。她一直争着，一直占着上风，以为这样就把握住了爱情，但最终，爱情却离她而去。

因为想错了，所以做错了。

恋爱不是《三国演义》，更不是武昌起义，不为争地盘，不为闹革命，不为寻自由，而是为了相爱。两个人相爱，总会出现这样那样的矛盾摩擦，搞不好就成了相害。

为什么要扩大伤害？为什么不能放下执着？为什么不能采取更好的方式占据主动优势？

我的一位学姐经常跟我说，她跟她老公相处的秘诀就是，她最先认错。

说到这，学姐不无得意地笑道：有时候，我跟他吵急了，发现也吵不过他，可我还想斗过他！怎么办？马上认错！说我哪里哪里做得不好，哪里哪里说得不对。他看我认错了，他也不好意思嘴硬了！然后，我再说什么什么的，他立马变得听话多了！

这叫先“软化”，后“教化”！

哎哟！姑娘是练家哦！

的确，情人争吵中，没必要在意表面的上风或者下风！沟通想法、解决矛盾才是正道！

记住，伤什么，别伤感情！

你想占上风，想采取主动，也不必非要跟他（她）争得急赤白脸，仿佛张飞上了身，李逵来PK。这样不伤感情才怪呢！

试着把手里勒紧的绳索松松劲，你先认个错，看似你的气焰颓败下来，实则对方争吵的气焰却会忽地被你的举动牵制下滑，变为被动。

看似“被动”实则“主动”，看似处在“下风”实则处在“上风”。这样的“认错”，有何不好？

下次争吵，记得先认错。

别以“我都是为你好”在对方的世界里横冲直撞

男女交往中，总是喜欢说个“好”字。

男人讨好女人时，就爱说“你好美”“你好温柔”“我好喜欢你”。

女人中意一个男人时，就爱说“你好坏”“你好无赖哦”“我好想听你再说一次你爱我”。

即便和平分手时，也愿意小姐绅士一番，“只要你过得比我好”。

“好”这个字说起来、听起来、写出来都是好词汇，可一旦做起来，就总会惹出满头纠结官司。

我爱你，我就要对你好，你爱我，也要对我好。

我对你的好，你知不知道？你对我的好，我怎么感觉不到？

在众多琼瑶阿姨式的电视剧里，咆哮派男主角总是把女主角捏得骨骼咔咔响，他的嘴巴也张开到能一口吞下整只烤乳猪的幅度，大叫大嚷着：我都是为你好！我都是为你好！你怎么就是不懂呢？

是啊，你都是为他（她）好，他（她）怎么就是不领情呢？

坐在我对面的詹先生，正苦涩满面地喝着我递给他的柠檬水。

他需要平复下情绪，前几天刚和女友分手。分手之后，詹先生急需一次总结式的倾诉。

詹先生与女友相恋之初，两人的感觉都非常好。

同居后，女友把詹先生的生活起居全部接手过来，为他搭配营养食谱，为他推荐着装搭配，为他的汽车买保险，为他的宠物猫预约节育手术。

那之后，詹先生每天都能吃到温热的早餐，穿上熨烫得笔直的西裤，书桌右上角放着他每日必读的早报，上衣口袋里放着一盒开会前必吃的薄荷润喉糖。

生活中的点点滴滴里都渗透着女友饱满而细腻的爱。起初，詹先生真的真的非常享受这种被照顾的感觉，也为能有这样一位细心体贴的女友而感到幸福。

可是后来，他发觉，有些不对了。

女友发现他的书房里存有大量的过期杂志和报纸，还有些已经无法读取的录影带，占据了很大空间。那天，正巧赶上他上班而她休息，于是她决定对这些没有保留价值的旧物进行一次性清理！

等到詹先生回来一看：哦，天哪！你把我多年积攒的资料和宝贝都卖给收废品的人啦?

女友愣住：资料? 宝贝? 亲爱的! 那些过期杂志和报纸上的资料是好几年前的，时效性已失去了! 已经没有参考价值了! 宝贝? 你说的是那些看都不能看的破带子吗?

詹先生很生气：破带子? 那些录影带可是我从高中时代到大学毕业一直保存的! 那是回忆! 是美好时光! 能不能看并不重要!

两个人的看法不同，一个人眼里看见的是需要快速消失的“废品”，另一人眼里看见的是需要精心保存的“回忆”。

这不吵起来才怪呢!

詹先生说：女友自作主张的事情还有呢!

那段时间，詹先生的工作进行得很不顺利，整天唉声叹气，女友得知后，就开始为他四面八方地张罗找新工作，而且在他不知情的情况下，为他约定了八场应聘考试!

詹先生苦恼地叫出来：我根本没想辞掉我原来的工作! 我熬了这么多年，一直在等升职机会! 她非让我转到一个新的环境，一切还要从头开始! 我已经三十岁了! 不能再走回头路了! 没有时间再重新起步了!

女友则认为，詹先生在现在的公司做得不快乐，也没什么升职前途，何必在一个地方死撑? 她到处托熟人打听招聘内幕消息，还不是为了他能有个好的发展未来? 他怎么就是不懂她的心呢?

是啊！詹先生的确没弄懂女友的心，可女友做这些的时候，也忽略了詹先生的心。她以为自己在全身心地替詹先生打算，可没意识到这种打算却都是从她的角度来决定的。

詹先生在倾诉完之后，痛苦地说道：她的爱让我太痛苦了！而我的不领情也让她失望透顶！

我听着詹先生和他女友的故事，感觉这痛苦不只是詹先生本人的，他女友也同样是痛苦的。

詹先生的痛苦在于，女友许多“自发”的爱，在他的生活、工作等等方面无处不动刀、无孔不插针！

女友的痛苦在于，她付出了这么多，把男友的生活照料得井井有条，很有起色，为男友事业发展想尽办法，挖尽人脉，可最终换来的却是男友的一句句 No！

直白而客观地用市场学的理论来说，女友给詹先生的爱，是一种对市场需求理解错误的供大于求的供销方式。

这种方式令詹先生的世界陷入混乱，原有秩序被破坏，让他感觉就仿佛经历了一次又一次的恐怖袭击，而不是爱人的亲密之吻。

当爱得太用力，到达了一种侵略状态，你付出再多的爱，对他（她）也只能是平添伤害。

你蛮力地使用爱，冲进他（她）的世界，推倒了围墙，拆掉了桥梁，烧毁了民房，盖起了高楼，筑起了城堡，搞起了旅游胜地，你说这都是你对他（她）的爱，这都是你对他（她）的好！你说，你要重新规划，去旧出新，改革开放，你要把爱的春风刮遍他（她）的整片心灵大地！

哦！亲！你真豪气！你真有魄力！你真有伟人范儿！

我想，没有几个人会乐于接受你的这种“强拆”。你的他（她）要么在“强拆”中崩溃，要么在“强拆”中拉着你一起毁灭！

你的这种不下通知、不打草稿的“强拆”行为，屡次“好”到让他（她）想逃，想反抗，想抗议，强烈谴责你！

你们开始争吵，围绕各自不同的观点。你觉得，他（她）真是“狗咬吕洞宾”，更觉得自己比窦娥还冤！

你以为是为了他（她）好，可同时你也在“强拆”爱情。

纵使是最心爱的人，也不要对对方的感受妄加判断，对对方的意见肆意忽略。

因为，你眼中的“好”，与他（她）眼中的“好”，很多时候，是存在偏差的。

这就好比我上周剪发时遭遇的事情，现在想起还令我有些气愤。

我明明说了我要的头发长度，可那位油滑的理发师小哥，仗着自己长得有几分魅惑，就嗲声嗲气地对我说：姐姐，这个长度，可是今年最流行的哦！我是很用心地给姐姐做了一次改造哦！

你认为最流行！你认为最好看！你帮我改造？可我很不爽！

人的感受偏差真的不是可以随便就一笑而过的！

非常喜欢看日韩伦理剧里面男人与女人之间相互询问的温柔语气。

亲爱的，晚上我们吃中国料理好不好？

亲爱的，我们把卧室壁纸的颜色换个好不好？

亲爱的，帮我个忙好不好？

亲爱的，系我买给你的那条蓝色领带好不好?

当你想要为他（她）好的时候，请先询问一句“好不好”，别把自己的“爱意识”强加在别人“被爱意识”之上，这样的强硬供给，真不是每个人都能吃得消的!

或许这一刻，你乐在其中，但下一刻，你或许就会因此而冷在其中!

真是一笔折本买卖!

为什么不先问一句“好不好”呢?这样既可以表现出你的“好”，也可以减少许多弄巧成拙“好心办坏事”式的争吵，更能得到他对你的“好”，何乐而不为呢?

爱之前，带上尊重。再相爱的两个人，也还是两个人，好与不好，请先沟通!

这种沟通，可以让你防止自己在对方的世界里“横冲直撞”，让爱情无辜受伤!

PART 5 爱情冷暴力：爱的反面不是恨，而是冷漠

“冷战”最容易造成对对方的漠视

男人也好，女人也罢，在对对方产生不满的时候，采取冷战，并非明智之举。

有句极具实践验证精神的俗语说的好：夫妻没有隔夜仇。

情人之间的矛盾摩擦，若是放过隔夜就不好，长期冷战，只会让感情不住地打冷战、发高烧，最后退烧的时候，很可能连带你们的感情也跟着退了！

高先生和及小姐来到我面前时，已经冷战一周了。

为了打破冷战局面，他们准备找个中间人进行调停。看来这两位“冷”得还很理智。

说说冷战的原因吧。

在某医院妇科工作的高先生，平时的工作需要接触大量的女性，当然不乏年轻女性。及小姐也是他在工作中认识的。刚开始交往时，高先生就已经开诚布公地表达，他热爱自己的职业，不会为了感情放弃现在的工作。显然高先生曾经的女友就对他的工作有过不好的联想和猜忌。

及小姐刚开始还能理解，尔后也犯了同样的毛病，只要超出了约定时间，他没出现，及小姐就电话、短信一个劲地催。可高先生有时因为堵车，有时因为临时处理病患的突发状况，更何况一天好几台手术，这样就没时间随时与她保持联络。

一次，几个小时的手术做下来，高先生疲惫地擦着汗水，拿起手机一看，霍！一连26通未接来电。

高先生刚忙出一身热汗，这又被女友的多疑症惊出一身冷汗！

及小姐辩解说，高先生是他们医院里最年轻的技术骨干，有很多女医生女护士女患者喜欢他，跟他有事没事开玩笑。他是个万人迷！这样的男人，她怎么能不看紧点？

高先生反驳：可你也送过啊！但我只喜欢上你了，没喜欢她们！你还有什么不放心的！

及小姐说：你那时喜欢我，现在也可能喜欢上别人！

高先生崩溃！

随后，两人就开始了冷战……

两个人在我面前依然保持着冷战状态，只好由我来打破沉默了。

我问及小姐：既然对这种情形下成就的感情没有信心，那么当初为什么要主动呢？为什么要开始这段感情呢？

及小姐说：我喜欢他，就想追他，可这不影响我怀疑他有外遇。

我笑：你喜欢他，追求他，要跟他在一起，可感情是建立在相互信任的基础上的。再说，喜新厌旧的心理谁都有，不分男女，也不论是万人迷还是丑男丑女！

我这样说，实在是，出轨、外遇、劈腿都是人的贪婪心理在作怪，并非外在条件做了主导！

如果你爱对方，就给对方呼吸的空间，给对方情人之间该有的信任。

你与对方持续争吵，你令对方觉得疲累，令对方想逃，于是，对方发起冷战，你呢，也不软弱，跟着参战，这种局面长久下去，是很伤感情的。

男女交往中，对情人有猜忌在所难免，夫妻之间有时还会闹信任危机呢！

但高先生和及小姐的解决方式既不科学也不环保。冷战双方不但没有冷静思考如何改善关系、解决问题，反而将事态一冷再冷，过了七天才想要找外人调停，真够狠的！

采取冷战的一方该想想，这种方式对解决问题有没有益处？对两人感情有没有伤害？有没有更好的解决办法？

情人间的愤怒表现，要么吵得闹翻天，要么冰冷如冬天。

热吵是正面的表态，冷吵是侧面的表态。热吵图的是口舌之快、气焰冲天，冷吵图的是狠、绝、准。

大多数情况下，冷吵的杀伤力比热吵还要大！我不屑你，不理你，不睬你，藐视你，漠视你，这会给爱情带来大大的硬伤。

男女之间最怕的不是恨，而是漠视。

你漠视一个人，说明那个人在你心里真的不会比一罐可口可乐对你更有吸引力。

而冷战最容易造成对对方的漠视。

当然，在情人之间，冷战中的漠视应该是两人间相互牵制、相互的精神惩罚而故意逞强伪装出的漠视。否则，因为其他意义上的漠视而失去对方对爱的热情和信心，真的太不值了！

当你确定你依然爱他（她），依然要这段感情时，你就千万不要用冷战来证明你在这段感情关系中具有的“战斗力”。你“装备”得再强大，再不怕冷战，也阻挡不了爱情因此遭受一次次风雨冰雪的袭击。那一刻，你会心疼，会后悔，会觉得自己非常委屈。

人生最怕后悔，感情最怕错过。别把不必要的问题弄巧成拙地演绎成必然的结局。

宁可大吵特吵一场，也别以冷战的方式用漠视重伤你爱的他（她），那样导致的不良后果终将是你苦于承受的。

有的放矢地沟通，更能让感情保持热度

有些人吵架时讲究一个“快”字！因为他们怕在拖拉争吵中浪费时间，消耗生命，增大“吵架成本”。

但大多数人很少会去计算“吵架成本”，他们一旦热吵起来，甚至会撕破脸皮，大打出手，或者冷战起来迟迟不肯放下面子言和。这对感情来说，实在不值。

某些人快吵，确实可以减少“吵架成本”，但某些人心有怒气的时候，就忍不住快速地跟恋人吵个天翻地覆，这个时候，只是他（她）一方痛快了，对方却崩溃了，因为不知道他（她）哪一句是重点，完全找不到探讨方向！吵得太快，思维没跟上。

如何让你们的争吵既“快”又能沟通好，这里面有要诀。

米小姐和男友已经冷战了三个月。

米小姐告诉我：我和男友都很要强，又都快言快语，就是有

什么不痛快也绝不藏着掖着，一定要都说出来，两个人之间的事情，一定要辨个清楚。

我问：那怎么又会冷战三个月？这冷战的时间是不是太久了？

米小姐有些不好意思地点头：确实，两个人的争辩，并没有辩出个究竟，还越吵越偏离主题。两个人都觉得无趣，吵得厌烦了，可谁都不肯服谁，就只好冷战了。

恋人之间的沟通讲究“快”字，不囤积问题，这的确很好，但这个“快”不在于语速，更不在于回击对方的反应力，而是在于沟通的效率。

争吵并不可怕，可怕的是不讲效率地乱吵。两人快言快语地倾吐意见，还没有来得及消化吸收，就给对方判定罪名，这实在很不聪明。

我们知道“快”效率的沟通可以直截了当地交流想法、解决问题，更能防止“隔夜仇”产生，更不会使两人进入冷战状态。

而要做到这点，杜绝如米小姐和男友的这种低效率“快吵”，就要让沟通有的放矢，这样不但可以令两人在交流中达到“快”效率，还更会使得两人的感情在交流中保持热度。

一对男女在情场上的对弈与角力常常是你给我挖坑，我给你下绊，看你跌倒了，我趁势把你收编，见你跳坑了，我忙得把土填，生怕你这棵大树栽进别人的坑里！

这怎么就不能一步到位把手牵？还真是磨心啊！当然得磨！这是情商的斗智斗勇，斗出来的是爱意拳拳、情深切切！

但是磨的过程中也会发生不协调的情感摩擦，这个时候磨的是两人的忍耐力，磨的是谁更在乎谁。

如果两人的抗磨系数此消彼长，一方妥协了，另一方见好就收，顺着台阶往下走，或是双方都不那么扛磨，冷战瞬间垮台，你说我一句，我说你一句，那么两人很快就能和解。然而，最不乐观的局面是，冷战的双方都特别有耐心，这就很容易让局面变得冰冷，那么，两人关系崩裂是很难避免的。

看过许多感情失败的案例，本来很相爱的两个人，却都在目的不明、问题不清的冷战中磨来磨去，最后把当初的浓情都磨蚀殆尽了。

我曾提议总是嘴快脑不快的情侣们，在争吵之前，先做一份计划书，把自己想说的、想问的，都尽量写出来，要简练、明确。

如果每次你跟恋人沟通时总是忍不住胡乱“狂轰滥炸”，那么你不妨把你与情人之间的交流当成一场商务谈判，手里准备好文件，让你的态度保持一定的冷静。

用商务谈判的手法与情人进行感情谈判，这听起来有点怪，但至少不会像以前那样把沟通变成口水战！这样有的放矢地沟通，能够事半功倍，不会把战线拉得过长，更能防止进入冷战，导致关系僵化，感情降温。

有的放矢地沟通，是交流的“闪电战术”，可以直击问题要害，干净利落地解决两人的纷争，让两人的爱情关系维系得更加牢固。

改变冷战状态：打破原有的平衡关系

刘先生和刘太太前阵子正在闹离婚，原因是一场被吵出来的外遇。

几个月前，刘先生出差回来时，意外邂逅了一位 90 后小美女。说是邂逅，其实主要是小美女主动搭讪的。

刘先生虽然年近四十，但男人四十一枝花，刘先生气质儒雅，普通话说得有些台腔，戴着金丝眼镜，有种坏男人堆里好男人的味道。这种杀伤力是很迷惑人的。

很快，刘先生的麻烦就出现了！

没想到这么巧，那次，正值公司周年庆，公司租了大剧院的场地做活动，邀请了众多关系公司，没想到，那位 90 后小美女居然也在其中。小美女频频向刘先生暗送秋波，搞得刘先生心慌慌。

刘先生外表虽然颇具桃花相，但家有悍妻，他属于有心无胆型，面对小美女的主动，只能假装无动于衷。

刘先生严重表态，他家有贤妻，不想犯错误。小美女说了，他们只是发展一种超友谊，并非外遇。

刘先生见招拆招，尽力与她保持距离，还暗暗托人给小美女介绍男朋友，这反倒令小美女感觉他是个绝世好男人。小美女扬言一定跟刘先生在一起，做地下情人也愿意。

许多人都感慨，小美女要模样有模样，要身材有身材，怎么偏偏要倒追有家室的中年男？这不是脑残是什么？

小美女说，这是爱情。

很快风声传到了刘太太的耳朵里。刘太太去找小美女摊牌，小美女直言不讳，不会影响他们的婚姻，她就是喜欢刘先生，刘先生也喜欢她，他们是真正的爱情。

刘太太被小美女几句话顶了回来，就把所有气都撒到了刘先生身上。就这样，因为这件事，两人没完没了地吵。

刘太太指责刘先生平时太喜欢打扮，招蜂引蝶。刘先生解释，职场上大家都注意形象，每天都要见客户，怎么好邋里邋遢？

刘太太指责刘先生被人勾引，为什么不告诉她。刘先生解释，就是怕她疑心生气，才没说。刘太太反驳说刘先生是心里有鬼！

刘先生大叫，你不可理喻！

越吵越生气，越吵越烦心，刘先生索性不吵了，躲出去！俩人冷战了，谁都不理谁！

刘先生就在公司招待所里住了下来，小美女在这期间，乘虚而入，对刘先生关怀备至。在冷战的这段时间，刘先生与小美女的关系已经处在了非常危险的边缘，若不是刘先生还有些疑虑，早就冲破了最后一条道德底线。就在这个时候，刘先生突然得到消息，刘太太病了。

刘太太在单位体检中查出乳腺癌早期，需要做化疗，甚至还要动手术。刘先生忙去照顾，刘太太当然没好脸色，依然不理他，反倒自己花钱雇了特护。刘先生偷偷把特护辞了，跟公司请了大假，亲力亲为地照顾着刘太太。这么一来时间久了，两个人仿佛又和睦了许多。小美女这期间也仿佛醒悟了，就渐渐消失，不再纠缠刘先生了。

冷战说到底，是一对男女关系在争执中达到一种静默对峙的“冷平衡”。

这种“冷平衡”，可长可短，持续越长，对感情造成的硬伤越重。

刘先生与刘太太纷纷采取冷战来对彼此进行惩戒，对对方采取“三不理”原则，这样两人的情感关系在当时有“外敌”入侵的情境下，是非常危险的。

从许多已经发生过的案例中不难看出，在这种情形下，女人们往往都会做出这种举动，以为如此就能将男人斗下去，而结果却恰恰相反，她们这样做总是生生地把自己的男人推向了另一个女人的怀抱。

所以，如果没有十足把握，千万别轻易尝试冷战！那么，如果已经进入了这种“冷战状态”，又该如何去改变这种状态呢？

只要一方的战斗力没有另一方强大，斗志没有另一方昂扬，那就很容易改变这种局面。

譬如，刘先生后来做出的妥协，也令刘太太感到了自己在丈夫心中的位置。而刘先生的付出也同时证明了他在刘太太生活和生命中的不可取代的价值和意义。刘先生做出的妥协加重了他在“冷平衡”中的情感砝码，这时“冷平衡”失衡了，冷战也就就此结束了！

我还曾见过一个类似的故事，讲的是一对男女朋友，已经到了谈婚论嫁的阶段，女友忽然听说男友又跟前女友有了联系，其实是一场误会，可是女友太倔强，两人吵得很凶，后来开始了冷战。一天，无意中，女友听说男友最近一直忙于照顾他突然病重的母亲。于是，女友亲自过去帮忙，直到陪着男友送走他母亲。男友终于扑到她身上痛哭起来，两人又和好如初了。

当感情状态进入冷战，别总从自我角度出发，这样丝毫解决不了问题，只能恶化问题。动一些心思，拿出一些坦诚，即便用妥协来打破这种“冷平衡”，对方也不会对你产生不屑或是藐视。因为，你在真挚地挽回这段情感关系的同时，也证实了你对对方的感情并不是一句空谈。在那些波澜不起的日子里，你真心的呵护与关爱，会再次让你与对方的心海泛起爱的涟漪。这才是你们最真的幸福。

所以，你们都要知道，冷战继续“平衡”下去，与痛失这份幸福就会只有一步之遥，而打破僵持中的“平衡”，就能改变这种冷战状态，继而让你们的爱情之火继续熊熊燃烧。

小问题不解决，放几天就会成为大问题

陶先生在发给我的一封 E-mail 里，讲述了最近他和女友之间的情况。

陶先生与他的女友自从交往，每发生一点摩擦，都是他谦让，可最近女友还是跟他提出了分手。

他真的不明白。

陶先生在信中说，其实他与女友每次发生争执都是因为一件件小事情，比如，那次，她表姐乔迁之喜，他们决定送一样礼物，陶先生想给女友一个惊喜，就托国外的朋友从澳洲带来一块纯手工的羊绒毛毯。结果女友嫌这礼物太小气！陶先生却觉得送东西就是一个心意。

两人几句话不合，吵起来，陶先生转身就走，也不跟她吵了，是非曲直让她自己去想！

最终，陶先生也没去参加女友表姐的乔迁之喜，两人还第一

次爆发了冷战。

还有一次，去参加女友闺蜜的生日会，结果席间一帅哥跟女友打得火热，不善交际的陶先生坐在一旁心里满是气。那天，陶先生早早地离开，没理会女友。女友因他走的时候连声招呼都没跟她打而十分生气，几次打来电话跟他理论，结果都被他挂机打断。

之后，又发生许多事情，陶先生都以冷战的方式，把事情的“主动权”丢给女友。

前段时间，女友终于忍无可忍跟他提出分手，说他这个人实在太强势了！

陶先生问我：我强势?！我都已经让着她了！我已经躲她了！她还要我怎么样?！所有事情我都不过问了，不参与讨论了，全由她说了算，她还有什么不满意?

我在回信里问陶先生，如果你的谦让和默许态度不是通过冷战的方式表达，对你来说会不会很难?

我告诉陶先生，他采取的冷战在他以为是自我逃避，是对女友任何作为的默许与妥协，但在女友的眼里，却完全不是这回事。

摩擦产生了，不愉快的情绪出现了，两个人之间弥漫着火气，有火气，两人就要交火。你一方撤离战线，并非战事的结束。你在战线之外，又拉起一道冷漠的防线，不与女友继续讨论、争执，甚至连她的电话都不接了，这怎么能行?

对于女友来说，陶先生只是在积攒问题。

表面上看，男人是把决定权丢给了女人，而这在女人看来，男人是放弃，是漠视了与她共同解决问题的权利和义务。要知道，这权利和义务说明了男人的爱情热指数和对另一方的关切热度。女友从陶先生挑起的冷战中解读出的，正是他在这两方面的缺失。

问题又一点点积累成很大的一件，最终，成了一个沉重的包袱。这样大的问题储备，终于把她压垮了！

女友能不崩溃吗？女友能不怀疑你对她的感情吗？

但事实上，陶先生的冷漠、躲避，是真的不关心不爱女友了吗？显然不是，他只是用错了方法，只是对处理问题持有懒怠和推卸态度。但仅仅这两点，就足以重伤两人的感情关系。

要维护一段感情，就需要双方的努力与智慧。不论何种原因造成的互动短路，对感情都是很有破坏力的。

现实中，人人都会有感情问题，面对感情问题，我们常常会遭遇这样类型的人：针锋相对型，死皮赖脸型，全权托管型，还有一种是自我回避隐身型。

前几种，都不在冷暴力范畴内，最后一种却是扎扎实实的冷暴力推行者。

两人有了问题，你要跟他吵，他躲；你主动找他谈，他隐身不见！

而他反倒标榜自己是低碳环保主义者！美其名曰，他讨厌吵，讨厌纠纷，讨厌矛盾。实质上，他是讨厌麻烦！

感情怎会没有麻烦？男女本是两种相生相克的动物，即便是一起生活了一辈子的夫妻，也还会因为这样那样的矛盾吵起来，闹起来！

面对感情，不能怕麻烦，消极、躲避、冷战最终只能让你越来越感到麻烦！

冷战只能一时搁置了问题，既压制不了也解决不了问题！这实在是一种损人不利己的掩耳盗铃、自掩耳目的愚蠢办法！

我们将一块新鲜鸡肉放进冷冻箱里储存，就会发现，在零度以下的温度中，它会变硬，体积变大。这就像是一个感情问题，被你冷处理地放进“情绪冷冻箱”里，时间越长，它的硬度越大，个头也越大。当初的一点小问题，在彼此之间冷情绪传递和碰撞间会变得越来越大！

而这个大冰疙瘩，不论对哪一方，都是一个重重的负累！

一位老客户前几天跟我说，她刚结束了一场冷战。我问她怎么结束的，她说，她终于想开了，冷战真是让她感到太憋屈、太郁闷了！索性逮住他，跟他大吵特吵一通，把以往压抑在心底的事情，一吐为快！

我问她：现在跟爱人怎么样？

她露出了释然和甜蜜的表情，随后又有几分忐忑地问我：这么处理好不好？

我说：其实怎样处理感情问题，没有一个绝对的方法。人类感情是世间最复杂的精神构象。对于任何人来说，如何处理感情，积极主动的态度总是会见成效的。

有些人的感情出现问题，是因为他们对问题理解不够；有些人则是没有危机感，对问题缺少察觉力；有些人则是意识到了问题，却习惯回避，采取冷处理。

但问题是回避不掉的，而冷掉的则只会是你们的情感温度。

所以，千万别把感情问题放进“情绪冷冻箱”里“保鲜”，那样只会随着你们的情绪冻结，让感情出现一个个难以化开的死结。

我们宁可把问题拿出来，放在锅里“爆炒”，把问题炒得皮开肉绽，炒得有声有色，也不要把问题封存起来，留作两个人分手时的下酒菜。

结束冷战的方式：一种是妥协，另一种是决裂

那天午休，我忽然接到一通断断续续的电话。

之所以说它是断断续续，是因为打来电话的那位自称白云的女孩子，不时哭得不能讲话，我只好耐心地等她哭完，再继续听她倾诉。

白云在电话那头抽泣着跟我说，她跟男友冷战快一个月了，直到现在他仍没联系她，她表面装作无所谓，其实心里早就怕得不得了，她真怕哪一天，男友会突然对她说分手，或者，连分手都省了，直接跟别人交往！

我问白云：那你还迟疑什么呢？既然这么怕失去，为什么不去挽回、不去修复呢？一段出现裂痕的感情，就像一只有裂纹的瓷碗，你怎么对待它，全看你自己内心的喜恶。真心喜欢，舍不得放下，那就试着去修补；如果实在难以忍受，又无心去修补那道裂痕，那就硬起心肠，摊开五指让它碎个彻底！

白云诺诺地说:可冷战是我先挑起来的，我现在怎么能妥协?

我大叫：天哪！不然你还想怎样？过了这么久了，你男友还没回头来找你，这说明，你很难等到他主动妥协的一刻。感情出现僵局，总得有一方去打破，对方不愿做的，你可以去做。情人之间，先别去认真计较什么对错，你不开口，事情就会朝着你不希望的方向发展，那才是因小失大!

白云又说起，她与男友冷战的真正原因是因为家庭琐事。

我问：什么样的家庭琐事?

白云支支吾吾了半天，终于开了口。

原来，白云的父母对她的男友不太满意，嫌他家境不好，薪水不高，各方面也都一般。白云却觉得，他们相爱，她不在乎他家境是否优越，薪水高不高。再说，人不会总是一个样子，只要努力上进，终会有改观的。

就这样，白云因为恋爱的事情，跟家人几次争执。

面对白云的坚决表态，家人却没有改变态度，先后几次逼迫白云去相亲，当然都被白云拒绝了。但家人仍没死心，有一次，白云带男友回家吃饭，家人就故意在男友跟前提及白云相亲的事情。男友很不好受，当晚就跟白云发生了争吵。白云跟他解释说不告诉他，是怕他多心。白云被气哭了，男友心软了，慌忙过来哄。

两人和好了没多久，白云的家人又请出家里的王牌——最疼爱白云的奶奶劝说白云。

因为年迈奶奶的缘故，白云硬着头皮去相亲了。可是，当天的约会，因为白云父母的故意走漏风声，而被男友看得清清楚楚。

两人又发生了激烈争吵！气头上，两人说了许多绝情的话，白云一气之下，就不理人了！

说到这，白云又在电话那头哭了起来。

我知道，他看见我跟别人相亲，很伤心难过！可是，我爱的人是他！我去跟那个人见面，完全是为了照顾我奶奶的身体，去演一场戏！那个人有意跟我交往，我当场就拒绝了！我做这一切，不都是因为我爱他吗?！他怎么就不理解我？难道我就好受吗？为了和他在一起，我顶着多大的压力！还不是因为我爱他?！他现在不理我！他太没良心了！

我听着白云边哭边说，心里也在为她捏着一把冷汗。

男友有些敏感自卑，白云又太过固执压抑，这两个内向型人玩起冷战，那是相当冒险的！

怪不得能持续玩了一个月还不歇火，不嫌累的！

白云与她男友之间的感情问题，在现实案例中，并不罕见。

在多数情况下，只要双方坚持，都能在爱情这条路上修成正果。但也有不堪压力不堪误解而频发争吵，最终没能牵手成功的。

两个人的爱情，却往往不仅是两个人的事情，还要面临现实、家人等各方面的考验，这期间难免有波折，在此波折中，如果你采取了冷战，就无异于雪上加霜。

要想解除冷战，和好如初，其实答案很简单，你爱他，就不该计较用妥协来挽回感情的得与失。因为，你妥协了，对方接受，最大的得是爱情，对方拒绝，最大的失也是爱情。

如果彼此间没有了爱情，你也就没必要去计算妥协的机会成本。而如果彼此间还有爱情，那么为了保全爱情，暂时做出的妥协就不过是“丢卒保车”的权宜之计。

爱情是男人与女人之间一辈子博弈的情感，岂会只有这一局？这局你胜了，下局我占上风，其实打来打去，吵来吵去，并不是真为了争出个谁输谁赢！今天你低头，明天我认错，斗的是情商，玩的是情趣，增进的是情感！

处于冷战中的感情，就像一朵被冰冻的玫瑰，要么用宽容、温情融化冰块，让它鲜活起来；要么抛之不理，甚至摔碎冰块，将它尽毁！

在发生冷战时，放弃了爱情里的“面子”，才能挽回爱情的“里子”！如果，双方都守住“面子”，那么“里子”只能成为不中用的废品！

别期待，在冷战中，既守住“面子”，又护住“里子”！

僵局中，是没有两全的！别犯傻了！

明明白白告诉你，结束冷战的方式，除了妥协，就只有决裂。

感情有时脆如蝉翼，真的禁不起太多折腾！感情是把双刃剑，不存在单纯一方的被害与伤害。

不要小看冷战的杀伤力，用冷战重创对方，你也会受伤。

当你挑起冷战时，就先问问自己，你是否能一硬到底？硬到将“不妥协”进行到底，硬到内心足以接受失去这段感情的结局。

因为，冷战展开之际，你能寻找到的出口，解除掉冷战的就只有要么妥协，要么决裂，除此，你没有第三条路可选。

建立规则，不要好了伤疤忘了疼

最近接到游泳教练杰克的邀请，出外小酌。

我曾为摘掉头上这顶“旱鸭子”的帽子，被闺蜜怂恿，报名学习游泳，杰克就是我当时的教练。

之前，从闺蜜口中听说杰克其人，是帅得没有上限，结果第一次，我在游泳馆见到杰克，就深深地感叹，真是闻名不如见面！

杰克有四分之一爱尔兰血统，四分之一印度尼西亚血统，四分之一中国血统，还有四分之一的外蒙古血统。

再次见到杰克，他浑身透着一个被甩男人的郁闷气息。

杰克说，他刚被女友劈腿了，而且是报复性劈腿！

我大叫出来：你女友真给力！

杰克说：你能不能有点同情心。

我保持沉默，听他继续倾诉。

其实大致的内容并不新鲜。我在跟杰克学游泳时就发现了这个问题，他很有魅力，友好又热心，对于异性的主动，也不回应，更不回避，很是具有大众情人的潜质。这让女友非常不放心！

一位游泳教练屡次被女友怀疑与其众多女顾客有染的故事，说起来听起来都有些恶俗，但在现实生活中，它就是以这样和那样的面貌反复发生。

杰克觉得女友大惊小怪，与顾客热络是他职场自我营销的手段！他希望给顾客留下一个好印象，这样顾客之间一传十十传百，来找他学游泳的人会越来越多！但女友觉得他行为不检点，朝三暮四，喜新不厌旧，对感情不忠贞！

事实上，杰克并未与女顾客有过什么实质性的越轨行为，他的确是在利用自我优势，为自己谋求人脉，而女友的指责也不是没有半分道理。

争吵的过程不必赘述，总之，吵来吵去，闹来闹去就是为了这点问题，冷战反复闹过了许多次了，杰克也做过保证，女友也做过反思。

可是没过多久，老毛病再犯，杰克依然跟女顾客热络，女友仍对杰克冷眼。再次下保证、做反思，显得没有丝毫意义了，最后，杰克也不做保证了，女友也不反思了，就怄气冷战，各自该干吗干吗，相互不理了！

杰克这边还在绷着劲闹冷战，却闻听女友有了新欢。

被女人伤了心的滋味，杰克还是第一次体会到！从来都是他甩人，第一次被人甩，心理落差太大了！

杰克的问题在于，他与女友在争吵中的互动成果，他保持不了多久，很快就失忆。

杰克“屡教不改”，女友屡次怀疑，后来，连吵的兴致都省了，哪还能不冷战。

有一句话叫“吃一堑，长一智”。在一件事情上伤感情是正常，反复在一件事情上伤感情就是愚蠢。

情人之间，如同杰克和他女友这种失去反省和约束能力的争吵或冷战是毫无意义的。

这样只能反复地折磨感情，而做不出对感情关系有半点建树的事情。

在处理感情关系时，一旦出现矛盾摩擦，不论哪一方用冷战来处理，都是在对感情硬度密度的一次试验与挑战。

不管是小冷还是大冷，是短冷还是长冷，冷过之后，你真要想清楚，如何防止下次再进入“冷循环”。

有时候，冷战对感情的伤害性，并不是你想弥补就弥补得了的！

男女之间，因为同一样事情爆发争吵或发起冷战，无论这次冷战是如何结束的，作为当事人的二者，都需要做思考，立下规矩，以防下次再犯。

吵多了，感情就像一碗煮久了的面条被淡化，变得无味了，原有的浓情也就被破坏了。

一对男女在相遇之前，很可能处于不同的生长环境，有不同的家庭历史、不同的人生阅历，个性、喜好、人生观、世界观等等各方面都会不同，一旦相处，太多太多的争吵原因，林林总总，琐琐碎碎，就会让情感生活充满各种针尖大的细小问题。

相爱的两个人正因为互相重视，互相在乎，才会细致地琢磨问题，有时候一丁点不妥，都会引起这样那样的情绪、矛盾。而换成一个陌生人，你恐怕根本没那个闲心跟他扯这么多！

恋爱，也是练爱，练习爱自己，也练习爱他人。在爱的过程中，两人会时常因太在乎、太怕失去而变得有失常态。

谁叫爱情本身就是一场病呢？

两人恋爱，关键在于，两人共同学习到爱与被爱的本领，达成一种默契，修正彼此的不足，使彼此更适合，令彼此更快乐。

每个人对自我认识都有一个心理盲区，一个人最真的形象往往在与他相亲相爱的人眼里。打打闹闹中，不要因为珍重感情而误伤了感情。

你揪出他的错，他也揪出你的错，不想反复犯错陷入冷战，你们就都需要长长记性！

实在记不住，那就约法三章，把坏话说在前头，对那些不长记性的同志，坚决要罚，不能姑息！

不要再让同样的错误损伤感情。

感情很宝贵，也很脆弱，千万千万别把感情当成抗击打玩具，它真的没那么强悍。

你的内心也没那么强悍！

所以，好了伤疤，就要时刻记住那份疼！

下不为例，是预防冷战的有效良方。

PART 6 较劲也要有效率：爱人之间不可不知的吵架原则

吵架也有隐私权，不要让其他人介入

从前我住的小区，楼体隔音非常不好，人在屋里都能听到邻居吵架，我的隔壁就住着一对总是吵架的夫妻。

每次只要他们一开吵，我这边几乎每个字都听得清清楚楚，就像在听现场直播，有一些大妈还一副热心肠地跑去敲门劝解。可每次门一开，女主人都一脸和颜悦色地问：有事吗？搞得大妈们还以为自己敲错了房门。

那时，我就觉得，这位女主人很有智慧。

俗话说，“家丑不可外扬”。

许多时候，人就是爱八卦，爱探听别人隐私。就算你家的事情你自己不外扬，也有人挖门盗洞地打听琢磨，然后再加工下，以作茶余饭后拉拢人际关系的谈资！

多可怕，多无聊，又多么寻常！

夫妻也好，情侣也好，争吵时总是大脑失控，行为凌乱，随手抓到什么，就揪住不放！

吵来吵去，有的人妥协了，有的人分手了，有的人冷战了，还有的人自认为自己很聪明，去拉外援了！

拉外援帮忙解决感情纠纷，这并不是不可取，但要分清什么问题可以说，什么问题不可以说，还要记得要先争得对方的同意。

如果你连打招呼都省掉了，直接把其他人领进来探讨你们之间的情感问题，在毫不顾忌情人感受的情况下，把发生争执的种种细节都翻出来，还无意中牵扯出一些你们之间的私隐，这会令你的情人很崩溃的！

像吕先生就几次经历过这样的困扰。

那次，吕先生在职场上再次受了挫折，原本以为十拿九稳的升职，却在最后时刻泡汤了，正在这时，另一家公司向吕先生伸来了橄榄枝。女友得知后，就竭力说服吕先生跳槽。吕先生舍不得原来的公司，觉得重新开始风险更大。女友却认为，新的环境更有发展机会。

就因为这个，两人闹得意见不合，结果女友就拉来闺蜜护驾疏导。女友当着闺蜜的面，把吕先生的事情原原本本说了出来！吕先生觉得自尊心受挫，仿佛全世界的人都知道他的升职申请再次被驳回，所有人都在怀疑他的个人能力！可女友却振振有词，认为她是为吕先生着想，想拉个人帮他做分析，出主意。

还有一次，因为无事，他在家里放A片看，被忽然来袭的女友发现，女友认为他太好色，太变态。吕先生解释，这是大部分男人私下都会做的事情，这并不代表对女友感情不忠，没什么大不了。女友当即要吕先生把电脑中的所有A片都清除干净。为了照顾女友情绪，吕先生也照做了。

谁知，第二天女友居然找来一个十分懂电脑的闺蜜，查看吕先生的电脑里是否还残存什么秘密文件夹！

这回吕先生真是气着了，好几天都没搭理女友！

说到这里，吕先生已经情绪失控地冲我吼起来。

她怎么就不知道保护隐私呢？两个人之间的事情能随便跟别人说吗？闺蜜？闺蜜的嘴巴最碎最不严！

她是不是对闺蜜有感情依赖症啊？我们之间一旦发生了什么不愉快，她就立即反馈给她的那几个闺蜜！

有一次，我无意中看了她跟几个闺蜜的聊天记录，她们居然给我取了绰号！什么职场失意男！小气男！捶地哥！无奈哥！

吕先生说，他现在女友的闺蜜面前真的抬不起头！作为男人那点自尊和隐私都被自己女友扒光了！

他非常郁闷！

吕先生曾劝说女友，两个人的事情，两个人来解决，不要把什么事情都跟别人说。

女友却说：我怎么知道你会不会骗我，会不会耍我？她们都是我最好的姐妹，我找她们帮忙把关，这很正常！

吕先生问我：这正常吗？

我笑了笑告诉他：正常，也不正常。

其实，所有女人都有与别人倾诉困扰的心理。她们希望得到一定程度的支持与认同，确定下一步该走的方向。

吕先生的女友显然是过度地发挥了这一心理，不顾及吕先生的感受与自尊，把所有事情都全盘交给闺蜜们来评判和解决。

相爱的两个人，在接近彼此时，会发现彼此更多的闪光点、可爱之处，同时也会发现这样那样的缺点和瑕疵。

但你要清楚，爱人在你面前展现的缺点、瑕疵，很多是他并不想对外界敞开的隐私。

譬如，他有脚臭，他紧张时口吃，他有红绿色盲症，他喜欢看限制级的情色影片。

譬如，她总是分不清左右，她的腿毛很多，她胸口上有颗硕大的红痣，她肚子上有疤，她曾经体重 188 磅。

这些，都是属于他（她）的个人隐私。

只因你们是彼此的爱人，他（她）才不拘小节，不用心掩饰。一旦关系亲密无间，你们相互了解的这些被暴露无遗的地方，就是他不愿向外界表露的短处和软肋。

情人之间吵起来，有时候真的很难掌控住情绪，即便在没有外人的情况下，也会说出句句伤人的话。

这个时候，你或者他（她），将一个外人拉进来做调停，在没有告知对方的情况下，就很容易让对方产生误解。这种在第三者介入下的沟通，就会出现或者对方因自尊、难堪束缚了沟通意愿，或者一时间更难控制场面，两个人当着第三者的面破口大骂、相互指责、言语中难免会带出隐私这样的局面。

所以，情侣之间无论吵到何种地步，都不要随意地把某些细节传扬出去，即便是对着家人、最好的朋友、同事、同学。或许，对于你来说，你的家人、好朋友、同事、同学都不是外人，但对于你的另一半，他（她）就会觉得，这些人都是介入你们感情关系的第三者。

让第三者介入你们的争吵，并不利于你们之间问题的解决，而且你们往往还会有意无意地当着外人损害了彼此的“面子”。

男人、女人都爱“面子”，当你自认为这种中间人介入的坦诚方式有利于沟通的时候，也该想想，这样做好不好。

情人之间要相互尊重，这份尊重不只是放在心里，也要在交往中体现。

别随意让第三者介入你们的争端，因为，情人之间的争吵，总会牵扯到隐私！

别做沉默的羔羊，保证顺畅地沟通

那天上午，当汪小姐与秦先生坐在我面前时，我感觉到二人的气场明显悬殊。我请他们分别阐述两人之间的问题，而最终大部分信息都是从汪小姐口中得到的。

汪小姐说，她想分手，可秦先生就是不同意，每天还缠着她不放。

我问秦先生：为什么？

秦先生说：我不明白，我们在一起好好的，为什么要分手？

汪小姐爆发了：什么叫好好的？我跟你说任何事情，你都是点头；跟你讨论甚至争吵，你都像个木头人！我自己一个人傻瓜一样地唱独角戏，你到底有没有想过我们之间的问题？你到底还爱不爱我？

秦先生又沉默了。

汪小姐告诉我：他总是这个样子，我一向他寻求意见，或者提出质疑，他就是沉默！我感觉自己就像跟个死人谈恋爱！我真的受不了了！

秦先生终于开口：我不说话，是不想反驳你，一切全都由你来拿主意，我都听你的，这有什么不好?

汪小姐大叫：他终于表态了！

听见汪小姐大叫，秦先生又闷头无语了。

我告诉汪小姐，秦先生并不是不爱她，而是太爱、太在乎了，所以变得畏首畏尾，连话都不知道怎么说才好，这叫“爱情失语症”！他并不是没有思想，没有意见，或者没有抵触情绪，他只是在心理压抑、容忍、顺从、妥协。这一切都是因为他爱你。

汪小姐疑惑：他爱我?为什么不跟我沟通?为什么所有事情都让我一个人拿主意?可我有时也不知道怎么办才好！我真的很希望他能给我建议，我希望我们两个人能对彼此多一些关心，可他总是毫不关心的样子，把我说过的话都当成了耳旁风！

这时，秦先生终于又说话了：不是这样的！我以为你心里已经有了主意，我就是不想让你因为我有不同意见而感到不舒服，让你误解我对你的感情。

我终于大呼一口气：秦先生！你终于说话了！

汪小姐痛苦道：如果以后结婚了，会有更多的矛盾！那时候，我该怎么办?你完全没有意见，全听我的?

秦先生有些慌忙，说道：我只是不知道怎么沟通才能遂你的心愿，所以，就宁可不多说。

我真想安抚下秦先生，这人真是太可爱又太可怜了！

像秦先生这样的好男人，还没被女人甩，真是他的万幸，也是女人的万幸！但他的这种表达爱的方式，令感情里没有了互动。女友无论说什么吵什么，到他这里，都自动地给吸收、过滤掉了，一点反应都没有。

秦先生的沟通能力真的有待提高！

试问，情侣间顺畅地沟通真的那么难吗？确实不是一件很容易做好的事情。有些人是找不到沟通的适宜方法，有些人是害怕沟通带来困扰，有些人是觉得没有沟通的必要。

不管是哪一种，都将会给两人的感情关系带来这样或者那样的负面影响。

像秦先生这种人就是怕沟通带来困扰，所以就自动地让权了，把两个人的情感交流、思想交汇变成了女友一个人的演讲。

秦先生对情人之间的沟通显然有误解，他认为沟通只是为了令另一方愉悦，所以很怕自己说出令对方不满意、与对方没默契的话，让对方怀疑他们的爱情，因而就“因噎废食”“因爱失语”了。

这是用自我牺牲“话语权”以期博得感情的一帆风顺，换来情人的欢颜笑语。

而事实呢？感情不会因此一帆风顺！情人也会不但没有欢颜笑语，反而变得满腹怨气！

女人天生重视沟通。

她们喜欢被男人宠、被男人爱，喜欢听男人说我爱你、我喜欢你。在产生矛盾时，她们总是喋喋不休地唠叨！发火泄愤时，她们会叉腰横眉，指着男人的鼻子大声怒骂！

这个时候，她跟男人说什么男人都一副自备隔音墙的模样，她能不生气吗？

男人呢？男人虽然喜欢女人温柔，喜欢女人顺从，但没有一个男人会喜欢没思想没个性的附庸品。

男人也要沟通！肢体的，语言的，两者兼具的，总之，不管哪种沟通，男人都需要借此来确认女人对他的爱！

听不见情人的想法，男人或者女人都会抓狂！

沟通对于感情是至关重要的，不然，不同的两个生命个体若仅仅是以单纯的性吸引，或者迷信前世今生的宿命，怎能走得到幸福的彼岸？

即便心灵相通的一对情侣，也需要言语和肢体来表达心意。有了问题，不要以为，你们就真的清楚彼此的想法。

即便我真的懂得你，你真的了解我，也还是要说！别玩“我猜我猜我猜猜猜”！

当你把爱情搞成“一言堂”的模式，实质上，你是把自己从感情关系人名单中删除掉了。你保持了沉默，放弃了你的“参与权”，同时也造成了情感枢纽的堵塞，有问题都推给他一个人来决定。爱情里没有了互动通道，如何沟通？如何解决问题？

反对或者迎合，建议或者妥协，都没有绝对的对错。爱情里需要不同的声音，这样才会有撞击、有回应、有共鸣，有爱的火花产生。这火花里会有烦恼，但也因此让感情得到进一步升温。

不要因为对情人的“盲爱”就做了爱的瞎子、爱的聋子，更不能把自己在感情关系里的权利和义务当成负担与困难。

当你把这些权利和义务习惯性地当成了“爱”的负担而舍弃掉时，你同时舍弃掉的也是“爱”的乐趣与欢喜。如此，你终会成为这段感情里的“隐形人”，让情人真的彻彻底底忽略你，让你失去爱情！

不论爱得多深，记住一点，谁都可以说“No”

燕妮出现在闲暇的午后，她脸上的神情有几分落寞。

她说，她觉得自己爱得很累，爱得越来越怯懦，她越来越不像自己了。而她隐约感觉到男友仿佛越来越不在乎她了。最近居然发现，他跟别人搞暧昧，还去酒店开了房间！

她不知道该怎么办。她付出了那么多，什么都听他的，心里装的都是他，他为什么还要这样伤害她？！

燕妮说着说着，抽泣起来，我递给她面巾纸，她说了声谢谢，抬起悲戚的脸，对我说：你知道吗？我真的很爱很爱他！我甚至可以为他死！

以往处理过的这种案例并不算少，男人或者女人在抱怨，在委屈，在伤心，到最后再加上一句置生死于不顾的话！这样的爱情不论结局如何，总是让人心疼！

接下来，燕妮继续给我讲他们的爱情故事。

燕妮说，她与男友的相识就像是一场浪漫电影。

那时，燕妮在献血站工作，有一天男友和他的几个同事来献血。男友居然有晕血症！

燕妮刚为他的一位同事抽血，男友一见那情形便晕倒过去。过了许久，男友才醒来，第一眼就看见了一直在身边守护着他的燕妮。

他们几乎是同时爱上对方的，是那种电光火石般的一见钟情。

还从未谈过恋爱的燕妮感觉自己真像忽然穿上了水晶鞋的灰姑娘，被王子发现了！

每天都在想他，做所有事都是为了他，他成了她生命中的全部！

男友也很爱她，只不过他很有主见，又有些大男孩的任性，每次发脾气都非常凶。

燕妮觉得他是个没长大的孩子，她愿意用自己的爱来包容他，陪他一起成长。男友的脾气却在这种“爱”的“照顾”之下，越发强势，越发自私。对她烧的饭，对她偶尔的约会迟到，对那些陌生人对她的搭讪，等等，有一点儿不满意、不愉快，就会令他大发脾气，对她生出质疑。

她解释，他不愿多听，她只是一遍遍地解释，一次次地向他保证她的爱。

对他说的话，对他在乎的，对他无法容忍的事情，她都竭力记住，保证不再触犯，更不敢对他提出的事情和发起的建议有所反驳，他说什么，她都听，并保证做到。

她知道，自己真的很爱他，不能失去他。她不敢再给他制造一点点的不快乐，每天都竭力地讨好他，逗他笑，哄他开心。

令燕妮意外的是，她一次次地让步、妥协、容忍，换得的却是他的背叛和轻视。

那天，燕妮接到同事发来的彩信，这才知晓男友与一个女孩幽会的事实。

燕妮哭着问我：我这么爱他，一切都围着他转，为他着想，为他牺牲，可他为什么还会喜欢上别人？

看着伤心过度的燕妮，我在心底默默叹息。

燕妮在这段感情中，全力以赴地“飞蛾扑火”，她烧伤了自己的身心，也烧毁了对爱情的信心。

在众多类似案例中，像燕妮这种“飞蛾扑火”式的爱情，不管是一个人扑，还是两个人同时扑，通常情况下，结果都很惨。

这并不是说，爱情不值得我们投入，但投入的同时，我们要懂得，爱情的发生是一瞬间的事情，爱情的经营和维护是需要一直做的事情。

发生爱情，需要缘分，需要身心相互吸引，需要天时地利人和。

维护爱情，需要智慧，需要耐心，需要不断学习，用心体会。

这不是一股脑儿地扑上去，不畏生死能够做到的。

一对男女成为情人，爱得越深的一方，自然会付出越多，这无可厚非。但在你给予爱的同时，记得自己爱的姿态，不是俯身倒地虔诚献贡，而是站在与对方同等高度平等地交流与守护。

对爱的领悟和释放是有个体差异的，所以说，即便是一对一见钟情的恋人，在之后的恋爱过程中，也会因为这种个体差异造成两人施予和索取爱的能力不同，对对方爱的深浅也就因此有所区别。

所以，爱情关系是平等的，并不能保证彼此爱的深浅是相同的。从另一方面来说，爱的深浅不一，也不该影响两个人在爱情关系中的平等地位。

相爱的两个人，是平等相亲相助的关系，并不是你一味付出，或者我一味辜负。

“飞蛾扑火”式的全心投入，会令我们无底限地放弃自我，践踏爱情关系的平等，做了一个失去自爱自尊的“爱情病人”。

想要被爱，就要懂得如何去运用爱。不能把爱当成无穷无尽的宝藏，任意挖掘与挥霍，更不能把爱当成是理所应当，随意占有。

爱情是有来有去，有付出有索取，才会不断升华。

因为爱，你做了忠八犬，俯首帖耳于你内心坚信不移的爱情箴言，而这随后给你带来的伤害是你想都没想到的！

这不能完全怪对方，你该想想，是否自己做得太多，承受了太多，却没给对方付出的机会？

19 世纪挪威伟大的戏剧家亨利克·易卜生写过一部著名的社会心理剧——《玩偶之家》，就已经说明了一个问题，爱情中任人摆布、失去自我的人，终究会失去爱的乐趣。

爱是自由解放真性情的东西，不要被它绑缚拘禁。

当你把对方捧为超级明星、天王巨星，将对方的所有凌驾于你之上时，你就会伸长脖子仰望对方，而不是与对方并肩嬉戏，温情甜蜜。你这样做只会让对方像冥王星、海王星那样，越来越远离你，令你摸不透心思，抓不住边际，终将消失在这段感情的千里之外。

而你越是一心一意地追逐对方，就越是如同“追日”的夸父一般，费心费力又费血，最后却只是伤心伤神又伤自尊！

爱，怎么会变成这个样子？

爱，从来就不是这个样子！是你选错了方式！是你还不懂爱情关系里的至要因素——平等。

不论你多爱他，多么怕他不高兴，在有不同意见的时候，都要说 No！在心里不爽的时候，要说 No！在你无法承受那么多的时候，也要说 No！

把你的想法与观点，与他适时沟通，在该说 No 的时候，不要压抑。别做爱情的哑巴，别当爱情的傻子。做他的与他平等的情人，做爱的主人。

事情确证了再吵，不要仅凭自己的怀疑

在爱情面前，人人都有小心眼，人人都有疑心病！爱情关系如何，在这点上，只在于你如何把握，能不能控制好度！

别让疑心病成了无法控制驯服的洪水猛兽，吞了对方，也吞了你们的爱情，那结果真的一点都不好玩！

周末晚上，我收到了一位署名卢小姐的咨询者发来的电邮。

卢小姐说，她的男友疑心非常重，搞得她快要疯了！

卢小姐告诉我，她从小到大的运气都不错，家庭美满，父母爱她如掌上明珠，她长得漂亮，性格开朗，人缘一直不错。高考那年，她学习成绩一般，高考成绩只够专科录取分数线。虽然只上了专科，但就在毕业的那年，她却非常走运地被国内一家很有名的民营企业聘用了。

到公司不久，就先后有好几个男同事追求她，她最终选择了

现在的男友。因为男友个性持重，业务能力强，虽然有些内向，但对她呵护备至，体贴入微，跟他在一起，她心里总是暖暖的。

卢小姐说，她生长在非常保守传统的家庭里，十几岁的时候，母亲就提醒她，不要随便跟男友发生关系，要把初夜留在新婚那天。交往了一年多，男友几次提过同居的请求，都被她婉言拒绝了。她知道，一旦接受了，她就很难把持住自己。

圣诞节那天，男友和她在男友的公寓里做了许多吃的，还买来了酒。边吃边喝边聊，其间，男友用几个月工资买了一枚钻戒送给她做圣诞礼物，还深情款款地为她戴在无名指上。

卢小姐当然清楚这枚钻戒价格不菲，也明白男友的心意。她欣喜地接受了这枚钻戒，也同时在心底确定了这份感情将来的走向。

那晚，一时冲动，她把第一次给了男友。

卢小姐以为，自己的献身是对他们爱情的确认，可她没想到，从那之后，男友在心底把她看作是他的女人，对她的各种社交活动、手机、电子邮箱甚至微博都严密监控！

有一段时间，男友正面临一个升职机会，而她正在忙于公司的周年庆典布置工作。两个人都忙得焦头烂额，只打了几通电话，少有见面。

这时，男友听信了一些职场嫉妒者的谣言，说卢小姐与她的顶头上司有染，在上司的轿车上玩车震！

男友找到卢小姐质问，她当时就被激怒了，她反问他，为什么会听信谣言？为什么不信任她？

那次争吵之后，男友表面没再说，有一天却趁她不在的时候，偷偷跑去她的公寓，搜房间，试图找寻她偷情的证据！

卢小姐知道后，跟他大吵一架，如果不是已经把第一次给了他，她真想把钻戒还给他，跟他分手！

卢小姐在信里说，我们现在仍然总是争吵，我们谁都清楚，那个谣言的阴影仍没过去，发生过的不愉快已经在他和我的心里打了一个死结，她很后悔那晚那么冲动地把自己的初夜交了出去！

男友现在的神经质，真让她每天像生活在牢笼里，她快疯了！

爱，真的是很危险、很麻烦的事情。

人的同一种性格特点，在不同程度的运用上，就会产生不同的效果。

譬如细腻，在另一方面就会是小肚鸡肠，心思缜密，累人累己。

譬如直爽，在另一方面就会是说话没心肝，伤人不打草稿。

甲之蜜糖乙之砒霜，同一个性格特点，体现在感情交往中，有时会起到不一样的效果。

你爱他，他爱你，而因爱产生诸多匪夷所思的猜想，都来自于人性的脆弱与自疑。

卢小姐的男友性格内向，还伴有隐性的自卑感，这在处理感情关系中被过度放大而导致了信任缺失。他内心的不安全感、多疑、敏感，反射给另一半的就是人格上的伤害。

情人之间发生信任危机时，那些所谓的“罪行”往往是通过他人之口道听途说，或者只凭一个小细节、一次小误会就突发奇想、天马行空地泛滥起来的！

人总是矛盾的，越怕发生的事情，就越是朝那个方向想象，也不动脑，也不调查，也不琢磨下另一半的个性，就这么愚蠢地横冲直撞，万分悲痛、一身正气地与爱人争吵，指控爱人的罪恶、可耻、卑鄙。

到头来，解决问题了吗？澄清事实了吗？捉住对方的小辫子了吗？

除了伤害了感情，什么都没做！

这样的争吵，就是在“感情用事”地破坏感情！毫无建树，毫无积极作用！

当你对另一半起了疑心，请先调查，后分析，最后再行动。有理有据走遍天下！

然而，现实中，我们往往搞错了顺序，总是跟着感觉走，先行动，再调查，最后才分析这期间的种种可能，再在这些可能里反复纠结，反复虐己也虐他人。

当然，这个时候的分析，也算是在亡羊补牢了！

亡羊补牢却也是最乐观的情形，因为很可能你的鲁莽、你的轻信、你的大脑缺氧、盲目怀疑，已经对感情造成了伤害，而这伤害不只是皮外伤，还可能伤筋动骨，要瘫痪了！

情人之间，可怕的不是怀疑，而是毫无根据的怀疑。

整天疑神疑鬼、想东想西的人，先别怀疑别人，先琢磨下自己是不是心里有病！

如果确认了你没病，是位诚实可靠的心理正常人士，那么你就要先寻找扎扎实实的依据，再与另一半摊牌。

千万别没事乱怀疑！

言和要讲时机和策略，伺机而行是关键

温小姐打来电话说，她快被男友气疯了。我问怎么回事，她愤愤地扔过来一句：他不识抬举！

随后一个半小时，温小姐向我叙述了她男友是如何的“不识抬举”。

温小姐告诉我，一周以前，她发现男友陪前女友去医院打胎，随后她和男友大吵了一架。

温小姐怀疑，男友与前女友藕断丝连，对感情不忠。而男友解释说，他就是把前女友当成普通朋友，前女友遇人不淑，被人骗了感情，又意外怀孕，他只是表示下同情！

温小姐虽没有确凿证据证明男友与前女友有染，可心里还是有一个解不开的疙瘩，当时一气之下，还说了许多过分的话，把男友气得摔门而去。

那次大吵过后，两人便陷入了冷战。

随后，温小姐仔细回想男友对自己种种的好，就又为那天的争吵而后悔。

温小姐告诉我，其实，感情上，她一直很依赖男友，而男友也很包容她。在一起的时候，他总是把最好的东西给她;她不开心，他哄她，做她的情绪垃圾桶；她喜欢旅游，他就拿出积蓄，两个人去了一次澳洲和新马泰。

可能是她被宠坏了，脾气总是太暴躁。这次的事情，她又不问青红皂白地乱发作，把事情搞砸了，伤他的心了！

温小姐哭着对我说，现在他不理人了，她心里真是后悔死了。那天，她主动去他的公司，约他出来见面，想要跟他和好，他居然对她冷冰冰的。她现在不知道该怎么办了！

温小姐的情况，可以简单总结为言和失败。

但这并不是说，以后就没有言和的可能，只是在下次言和之前，温小姐必须知道一点——言和也是一场情商 PK，需要你选择恰当的时机，以恰当的策略来赢得对方接受。

首先，温小姐操之过急。在自己情绪不稳、男友怒气还未消的情况下，贸然提出言和，这只会招致男友产生逆反心理，习惯性地将言和提议驳回。

太急于求和，反而会坏了大事！心急气躁可是兵家大忌！

其次，温小姐的心态导致策略错了。一直被男友捧在手心里的她，以为放下架子，主动言和，便能换来男友的千依百顺、甜言蜜语。

把言和当作了一种自然交换，我言和了，你就有义务来接受，这种心态是不对的。要知道，爱情中的两个人，无论彼此多么相爱，谁都可以因为不满而发脾气，谁都有权反对言和。

当然，想要对方欣然接受，不一定要低声下气，通常用点温情而智慧的办法反而比直接表态更有说服力。

我的一位客户何小姐就很有头脑。

她与男友自同居以来战争不断，都是因为一些鸡毛蒜皮的小事。

争吵之后，何小姐紧闭房门，男友在房外怎么敲也不理会。过了一会儿，何小姐冷静下来，回想两人争吵的内容，又觉得实在没有再继续冷战的必要，于是想与男友言和，好好解决刚才的事情。

何小姐并没有立即采取行动，她清楚，毕竟这个时候她心里还有气呢！此时提出言和，万一他的气也没消，一时顶在一处，又会是一场恶性争吵，言和不成，反倒火上浇油。

等双方的火气都消得差不多了，何小姐就把紧闭的房门打开一道缝隙，这样做是为了暗示男友可以主动找她谈了。男友看见这样的信息，也就明白了何小姐摆出的言和姿态，他觉得可以接受，便会进一步行动，对现状也不会造成恶化。

还有一次，他实在惹急她了，她就想出了坏主意，晚上洗过了澡，穿着性感睡衣在他眼前晃来晃去，就是不搭理他。后来，他被逼得只好扑过来主动言和！

我不禁哑然失笑，心想，这位何小姐可真会折磨人！

不过，这种方法并不新奇，许多情侣和夫妻都是床头打架床尾和。“战后性爱”的确可以化“冰霜”为“春雨”，但缓和的只是你们之间的情绪，并不能从根本上解决问题。

事实上，不论是哪种方式的言和，都是为了在稳定情绪之后沟通想法和解决问题。

感情争端，不像家用电器，按 ON 就启动，按 OFF 就关闭。

同样，想和好，也不是说你想和好就能马上立竿见影地生效，要有耐性，还要抓得准。

打仗打乏了，想谈判也要看准时候。吵架吵累了，想言和也要讲时机和策略。

言和的时机问题，关键在于不要顶风作业，对方的火气还没消，你过去扑火，搞不好，没扑灭对方的火，自己的火却跟着着起来！那时候，当初吵起来的一丁点芝麻绿豆的事情，都会成就“星星之火，可以燎原”的神话！

所以，言和的时机很重要！早了，吃力不讨好；晚了，即便是满汉全席也失了味道！时机要不早也不晚，刚刚好。你要言和，就得抓住能够“击中”对方的时机，令对方既能接受，也不显得你很被动。

言和上讲究策略，往往能够事半功倍。

不要硬碰硬，不要颐指使气，不要心浮气躁，不要强势逼人。

要迂回婉转，要以柔克刚，要引君入瓮，要欲擒故纵，要先退半步，要给别人余地。

不管当初是谁错，都不要把对方当作罪人，时刻记住他是你的爱人，你不是“真枪实弹”地与之对决，而是在用“情”来将他“策反”。

这么说来，情侣间的言和跟党派之间的谈判很相似。但有一点不同，党派之间谈判焦点在“利益”上，而情侣之间的言和焦点在于一个“情”字。

你把握了“情”这个字，就等于掌控了整个言和的全局。

你用情来打动对方，用情来煽动对方，用情来挽回对方，此时，即便你没说出“我们和好吧”这几个字，对方也会心领神会地接受言和的。

所以，要言和，战略不能少！何时言归于好，如何言归于好，既要用情更要用脑！

你要伺机而动，千万别随意而动！

PART 7 吵架也是分段位的：这些错误千万不能犯

理了离婚手续，恢复了自由身，带着他们整个部门的人去郊外玩通宵，前几天，男友因为一次工作失误被女上司狠批，这次女上司请客，他便没敢推辞。

第二天晚上，他回来，我就没给他好脸色。他只知道问我，是不是哪里不舒服，问我是不是我父母因为他没去吃晚饭生气。

这还需要我直说吗？我脸色不好，就是我心情不好，我心情不好，全是因为他的不好！他去哪里做什么事难道不能直接跟我说吗？还要我打电话给他同事才知道！不让我知道，是因为心虚还是别的什么？我不怪他没陪我们吃饭，我是在乎他为什么不跟我说实话！难道，相爱这么久，他连我在乎什么都不懂吗？

我父母走后，我终于忍不住跟他吵起来，他依然装傻，愣装不懂，我就是不说缘故。相爱的两个人不是应该心意相通吗？他怎么就是不懂我？怎么就是不明白？

像丁香这样始终都不说出心里的想法，要对方怎么明白呢？要知道，心意相通的事情不是时时都会发生！

再说，吵架不是举一反三的推理游戏，或者婉约凄美的花间词，即便再相爱的两个人，也不是相互肚子里的蛔虫，表达心意的时候，该直白就得直白！

要记得，吵架最大的价值就是直抒胸臆地表达观点，不然吵什么？否则，还不如柔情蜜意地说话，多省事？

可是有时候，吵跟吵也有质的区别，是否有效用，全在于你怎么吵。

很显然，丁香的这种吵架效用极低，不但问题没弄清楚，还因为她闹情绪给彼此的沟通设置了许多障碍。

相爱的男女，绝对不能认为彼此轻而易举就可以懂得对方，或者不需用心就能让对方懂自己。

你们再相爱也是两个人，再亲密也是男人和女人。

男人和女人本身就是两套系统作用下的生物，你想要他懂你，首先就得做出“坦白”的姿态，你喜欢什么就是喜欢什么，不喜欢什么就是不喜欢什么，哪件事情令你不舒服到了难以容忍的程度，就跟对方说。这些都要让对方清楚地知道，而不是靠看你的悲戚脸色、数你的眼泪、听你东拉西扯的暗语来琢磨、揣度。

不要高估男人的理解能力，更不要过度依赖你的“间接表达”。纵使他是侦探高手，也未必能做到细致入微地勘察。

直接说出来，在两人之间开出一条“直达”的交流通道，这样既迅速又省力，少点时间折磨，多点时间恩爱，才最实惠，也最可爱。

女人哭哭啼啼，男人唉声叹气，不直入主题的争吵是毫无作用的凭空抒情，是用自虐来给对方施虐。折磨了彼此，却没有道出个究竟，时间久了，你会沉溺在这种自造的“受害者”角色境地里无法自拔。

而对方的耐心和爱意，也会在你这种“婉约曲折”式的沟通中磨损消逝。

不要高估爱情的力量，爱情禁不起你如此地“冷泡硬磨”！

不论你有多气愤、多伤心，你都要先理清头绪，把想法排好顺序精炼提纯地一条条说给对方听。不要“牵肠挂肚”地叙述，要“有一说一”，清晰明了，条目清楚。

不论是男人还是女人，都摆脱不了嬉笑怒骂嗔的情绪，但要沟通，就要记得在争吵之前，将各种情绪保持在一个合适的状态，把该说的话讲明，这样才能给对方一个合适的思考空间与转身余地。

你的情绪过分释放，你的表达过度模糊就会把对方弄疯狂，你与对方的争吵就会演变成一场接着一场的胡闹！

这是吵架大忌，千万要不得！

为了让爱情不受到伤害，请记住，拒绝林黛玉式的争吵。

不要无限度容忍，相爱是包容不是纵容

爱令智昏！

人爱起来就是会忍不住犯贱，自卑到泥土里，期待开出那么一朵娇艳可爱的小花。这朵小花让人放弃了自我，把一次次的容忍做到位，结果却是纵容了对方一次次在感情里站出位。

客观地讲，这样的感情问题一旦成形，不能只指责那个站出位的人，他们就像是被爱惯坏的孩子，对触手可及的温暖不懂得珍惜，对惯于得到的宽容习以为常、得寸进尺。

一段已经破裂甚至死亡的感情关系中，如果说那个站出位的人是凶手，那么作为把“爱的奉献”做到实处的另一方就可以算作从犯。

以无限度的宽容作为表爱方式，结果只会把爱情必需的包容演变成纵容，将爱情推向着火的边缘，而当毁灭爱情的大火燃烧之时，好男人或者好女人就难免受到伤害。

真可以用一句话概括——可怜之人必有可恨之处。

明辉是我一位朋友的旧同事，前几天，朋友打来电话，拜托我去见一个人，说这人最近遭遇了感情困扰，于是，我和明辉相识了。

明辉给我的第一印象是他是个很有魅力的男人，至少有符合许多小女生暗恋的那种外形，高大帅气，温文尔雅，一双笑眼不笑的时候也像在笑，戴着一副金丝眼镜，乍一看，很有韩国明星裴勇俊的风范。

明辉自己也承认，女友与他正式提出分手没多久，单身身份的他重又成为众女同事的追求焦点。可他现在还不想开始一段新感情，他还没作好准备。

我很认同他的看法。

明辉说，其实他心里还依然爱着女友。他和她是彼此的初恋，他们之间像《山楂树》里的老三和静秋一样，完全没有杂质，只有纯粹的感情。

他和女友从高中到大学，再到大学毕业后同居在一起，他们都始终相信会是彼此这一辈子的唯一。

可他没想到，他们的爱情没有走到底。

明辉告诉我，他真的很疼女友，上大二的时候，女友的妈妈得了肾炎住院治疗，她家经济条件本来就不好，欠医院不少医药费，女友急得直哭，他想跟家里开口借，又怕父母不答应，便偷偷跑去工地打零工。平时很少干体力活的他累得浑身像散了架，旷了一个月的课程，赚了两千多块钱，他全都给了女友。

毕业后，两人先后找到了工作。女友进了一家外企，而明辉差强人意地进了一家小公司做文员。终于安定下来，两人之间却渐渐地发生了变化。女友自从工作之后，性格开朗的她就开始有各种各样的交际活动，接触的人也多了，有些时候，他问她，她也总是用这样那样的借口掩盖过去。他心里不舒服，却也没多问。

明辉说，他看见过有人开着豪华轿车送女友回来，也知道有好几个有钱老板、富二代追求女友。他清楚，像女友这么漂亮又有气质的年轻女孩，一定会吸引许多人。面对女友多次晚归，还有那些不知何时被她带回来的名牌皮包、皮鞋、珠宝首饰、香水，他都没多问一句，他只想用实际行动来向她说明，那些东西都比不过他们之间的感情。

那天，原本是明辉的生日，他们说好要一起过的，结果，他接到女友的电话，说她临时接到通知，要跟老总飞去香港开会。后来他偷看了女友的QQ聊天记录才知道，女友跟她的上司早就有了男女关系。

明辉说，我真不知道为什么会这样！我最不想面对的事情还是出现了！我一直以为，我的一次次包容能唤回她的心，可却令她一步步地远离我！难道是我爱得不够？

这当然不是明辉爱得不够，而是他爱的方式不对。

我们每个人都不是天生就会爱与被爱，相爱的重点在于，相互给予，相互磨合，相互对照，相互学习。

当你想从无限度宽容中得到对方的爱时，爱就已然不是你们关系中的主题，它成了一种令你觉得伤痛、令对方觉得头痛的东西。这并不能令你们得到快乐和幸福，只会加剧你们情感分裂的速度。过分的宽容埋伏在感情里面，不和谐因子随时有可能被引爆，将你们的这段爱情炸得灰飞烟灭。

宽容是人性中的优秀品格。我们包容和体谅爱人的错误，这并不错，只是不要忘了度，不要忘了，你也并非完人，也需要对方的包容和体谅。相爱不是你一个人的事情，你付出的爱需要对方给予响应和回馈。

独角戏的爱情，活不长久。

别太迷信那种不惜自毁来维护爱的虚妄幻想，那并不是爱的正确方式，那只是一种爱的病态。

包容与理解，应该是双向的。将宽容超常地释放，以为能令对方回之以爱，其实对方只是瞬间接收，随后很快又会遗忘。

爱在纵容间难免会丢失。

无节制的宽容，会使你陷入一种自虐自伤的病态，而这种病态会相应地投射到你的另一半身上，他（她）会轻视你，会逃避你，会选择离开你。

爱的肌体出现病变，你拿什么拯救你的爱情？

健康的感情关系令人轻松幸福，病态的感情关系令人抑郁沉重。

你原本没那么强大，心灵也并非完美无瑕，而现在却要一意承受与付出，这样你只会感受到感情的负累和重压，所以你应该用爱的正确方式，在爱情之路上轻装而行。否则，背负太多不平衡的感情，你的背脊终究会被压弯，让你再也走不下去。

都说，男人有点“坏”，女人有点“怪”，会更惹人爱。我们无须多么“坏”或者多么“怪”，我们只需在爱对方的时候，带上期待，在包容对方的时候，记得不要把包容变成纵容，不要把爱变成伤害。

一走了之是最消极的处理办法

那天，米兰哭着来找我。她又跟男友吵架了。米兰告诉我，她不怕跟男友吵，最怕吵着吵着，男友就逃跑。

米兰和男友交往了一年有余，争吵闹别扭时常有，一开始因为一些鸡毛蒜皮的小事拌嘴，两个人都没觉得怎样，还都能理解彼此。可是后来，一件件事情发生后，米兰发现男友对两人的交流沟通特别没耐心，只要她没认可他的意见和观点，他就会一走了之。还有时候，她也不知道自己究竟哪句话令男友不高兴了，他不给她解释机会，也不再跟她说任何话，转身就走。

那天，米兰和男友参加朋友的婚礼，席间，一个多年不见的朋友跟米兰提起了米兰前男友的近况，并把米兰前男友的手机号码给了米兰。

米兰只是礼貌性地记了下来，男友看见了，回到家里，就跟米兰吵。米兰解释，她没有要旧情复燃的想法。男友认为，米兰不跟那位朋友介绍他的身份，就是不想让对方知道她有男友，也就是她想知道前男友的状况和手机号码。

米兰只是觉得，跟那个朋友不是很熟，没必要告诉他自己的私人感情状况。可是男友不理解。就这样，吵着吵着，男友就摔门离开了。

还有那次，米兰请几个闺蜜吃饭，席间，女人们讨论起各自男友的优缺点，米兰也说了一些男友的毛病，可是不知什么时候，米兰碰到了手机按键，非常巧合地自动拨通了男友的电话。结果，米兰说的话，都被男友听见了。回到家，两人吵了一架，男友觉得米兰不该把他的毛病说给外人听。

米兰觉得那不过是女人间的闲聊，没什么大不了。男友生气了，不跟她吵了，转身进了书房睡。米兰去敲门，他也一声不吭，坚决不开门。

米兰难过道：我很爱他，我希望我们能相互尊重，可他连跟我吵架的耐心都没有，我不知道怎么跟他沟通才好。

很显然，米兰的男友有个喜欢“一走了之”的习性。我告诉米兰，男友之所以有这样的习性，不只是他的个人原因造成的，也有一部分由于他们双方长期交流模式的错误影响。

比如，某次，男友一走了之后，米兰主动示好求和了。

比如，某次，男友一走了之后，米兰又选择了包容。

这就会令男友产生一种心理暗示——吵架不能令你服气，一走了之却可以轻而易举地达到目的。这样的纵容，就会令两人之间的交流形成病态的单方面“礼让”。

而现在，米兰已经忍受不了这种单方面“礼让”下的沟通模式了。因为，这种模式造成了交流受阻，他们两人之间堆积的问题越来越多。

这些问题的危害，不只是在问题本身，还在于，它们滋长了爱人之间的不信任和各种猜忌。这种隔阂一旦产生，是不容易消除的。

我建议米兰现在要做的是，循序渐进地帮男友改正这个在争吵中“一走了之”的习性。

下次再发生争吵，可以试试用平和一点的方式进行沟通，注意语气和姿态尽量不要让对方感到你在等待他的检讨或者道歉的意思。每说一句话、每表达一个意思的时候，要记得给对方留有回应和思考的时间，不要一股脑儿地将自己的所有想法和意见全都释放出去。如果男友再有一走了之的动向，你就马上停止争吵，直接告诉他，你已经吵累了，战事结束了。这时，他也就没有再一走了之避开你的必要了。

恋人吵架，有时会誓要将对方吵趴下、吵认输，有时也会妥协、退让、和谐第一，有时还会愤愤然地离开、一走了之，这样其实两人都会很不开心。

把对方吵输了也好，自己主动认输也罢，都还是积极参与了两人之间的沟通。但我们要清楚，一走了之的方法，是很消极的。

男人或者女人选择一走了之，有些是因为不喜欢咄咄逼人火药味十足的争吵局面；有些是觉得两人越吵越乱套，毫无意义；有些是无法接受恋人的看法和观点。即便你不能容忍这些情况发生，也不要以为一走了之是解决争吵的好办法。

我们本可以采用更温和更有技巧性的方法。比如，突然打个哈欠，向对方笑笑，亲爱的，我吵累了，我陪你看 NBA 吧，或者等对方说完最后一句话，然后问一句，我们吵完了吧？我想起昨天洗的衣服还没收呢！

我们都该明白，问题不是你不去想不去解决就不存在。你的一走了之，不过是如鸵鸟埋头于沙堆中的自我逃避的低端手法。

一走了之是推卸感情责任、轻视感情关系的极端表现，不论你是否这样想，你一旦一走了之，你的行为就已经产生了负面影响。

这负面影响会在对方心里留下阴影，在下次争吵时，就会很自然地勾起对方关于上次争吵的不愉快回忆，这种余波效应，会使得新的争吵更难进入积极有效的沟通轨道上来。

所以，争吵中，如果你有了一走了之的念头，那么赶快打消吧；如果是对方有了一走了之的念头，那么赶快帮他（她）打消！

不以善小而不为，不以恶小而为之。更何况，“一走了之”对感情的“恶”并不小！

所以，请记得，只要你还有更积极理想的办法处理你们的争吵，就千万不要一走了之！

不要轻易说出或者逼对方说出吵架关键句

古希腊数学家阿基米德说，给我一个支点，我可以撬动地球。

其实同样的道理，争吵也存在所谓的“支点”。

我们在生活中会发生许多争吵，有些争吵是先有“预谋”的，有些争吵则是“现场发挥”出来的。不论是“预谋”还是“现场发挥”，两个人最终都能吵得红脖白脸、怒发冲冠、手脚挥舞，在无意中说出了或者逼对方说出了一些使得吵架无法中断的话语。

比如，两个人一起看电视，男人或者女人总是霸着电视遥控器不放手，令对方非常不舒服，这时对方会说：遥控器给我用下会死啊？！这样的语气，会立即激起另一方的反击，争吵随即拉开，两人甚至会因此闹到离家出走、你死我活的地步！

比如，两个人睡一张床，盖一张被子，平时心情愉快、柔情蜜意，怎么挤都无所谓，而且越挤越有感情。但如果哪天，一方在公司或者在超市、地铁站里遇到了令其不开心的事情，晚上刚躺上床，就发现被对方抢走了一大半的被子和一大半的床位，此时，其会忍不住发号施令：你能不能让开点！这么一嚷，马上就会对两人以前的似火情感泼了一盆冷水，对方会觉得你是精神病：你这是要我滚下床吗?

比如，两个人都因肥胖苦恼，于是为了健康，两人起誓要相互鼓励、共进共退地减肥，可你那天一回来就买了一大包的乐事薯片，当你躺在沙发上，打开薯片的一刻，你的那位很自然地会投来一个警告式的眼神，并问：你买了乐事哦?此时此刻，你要么停止堕落，将还没入口的薯片扔进垃圾桶里，要么就马上拉着对方一起堕落！千万别把对方的话当耳边风，如果你再不识相一点，就会马上引起一场战争！

遥控器给我用下会死啊?你能不能让开点！你买了乐事哦?诸如此类的关键句，不论是你主动说出的还是对方因为不满而说出的，都是一场争吵爆发并且持续热烈进行下去的“支点”。

最近，收到一封署名何子的E-mail。

何子说自己的男友总是有事没事地惹她生气。

比如吃饭的时候，他总是把番茄酱放在自己面前，其实我也喜欢吃番茄酱啊，我就问他：番茄酱也有我的份吧?然后他就不高兴了，就吵起来了！

看电视时，我要看芒果台的言情剧，他偏要看斯诺克比赛，每次都是他掌握着遥控器，还要霸占着我打开的鱿鱼丝！我就问他：是不是永远不能陪我看言情剧？他又不高兴了！结果我们又吵起来了！

他还每次都不跟我打招呼，就把我新买的书籍借给他表妹看，好几次不是弄脏了，就是给弄丢了！还有，逛街的时候，他只在他喜欢的店铺多停留，我一想看时装，他就快速拉着我走开！我说他太自私了，他还说我浪费，买的衣服太多了！我真是被他气死了！

何子问我，她和男友到底怎么了？怎么动不动沾火就着？是不是五行相克呀？

我给何子回信，我告诉她，五行是否相克不好说，但你们确实都能摸到吵架的点上，每次说话都能说到必吵的语句，不沾火就着才怪呢！

见过许多情侣争吵的案例，有些因为情变，有些因为性格不合，有些因为家庭缘故。还有一些让人啼笑皆非的原因，如因为一双拖鞋、一杯饮料、一块鼠标垫，甚至一根牙签都能让两人吵起来。

其实情侣之间，那些无味争吵都不过是一方或双方为图一时口头之快而“祸从口出”导致的，他们没想用更有技巧的方式解决问题，结果就将战火点起来了！

我们每个人都是不同的，每个人的个性里都有各式各样的不可触碰的雷区。

比如，你的爱人天生肥胖，因肥胖心有自卑，那你就不要在她面前夸赞别的美女身材窈窕、轻如鸿毛。比如，你的爱人崇拜某位明星，即便你十分恶心鄙视那位明星，那也不要当着他的面说出自己的真心话，实在忍不住了，就把你的恶心和鄙视留到洗手间的马桶上吧！

比如，你们喜欢同一种口味的蛋挞，那么当你自己在享受美味的时候，也要记得对方的存在。

两个人谈恋爱，就是在原本相互独立没有交集的两个人身上建立交集。

建立交集，就是要磨掉一些“自我”棱角，融合一些对方的特质。虽然将“你我”变成“我们”并非简单地说几句话或做几件事就能行的，但却可能因为你的一时冲动说出的那几句吵架关键句而前功尽弃！

两个人在一起，磨合其中的不同，将不同点契合在一起，就能配合得更协调。

没经过打磨的宝石无法制作成珠宝首饰，没经过磨合的情侣也难以走到幸福彼岸。

不想触碰对方心里的雷区，首先就要保持尊重对方，还要记得对对方用心。

尊重彼此，尊重爱情关系里的共处共融，不要轻易说出或者逼迫对方说出那些吵架关键句。否则，一旦你们的对话中出现这种关键句，那么争吵就会势在必行、势不可挡了！

支撑一段感情需要两个人悉心维护，共同合力。

支撑一场争吵，只需你或你的那位说出那几句关键句。

拥有一份感情不容易，破坏一份感情太容易，而感情破坏了再去修补也绝非很容易。

相处时，即便发生争吵，也千万别轻易说出或者逼迫对方说出几句关键句，因为这会令你们的战火升级，令你们的甜蜜转为危机。

争吵冲动会让成熟的关系受到破坏

小鱼最近跟男友打了一场硬仗，虽然最终男友示弱言和了，可最近她心里还总是不舒服。

两人发生矛盾的原因很简单。一天晚上，小鱼的几个女友正巧在夜店，发现小鱼男友跟一个喝醉的年轻女孩纠缠，便急忙打电话叫小鱼马上来。小鱼匆匆赶到，见到那酒醉的女孩正抱着男友撒娇，她想也没想就冲过去质问。

男友解释说，那女孩是他老板的女儿，他只是碰巧遇到，她刚失恋心情不好，还喝醉了，怕她出事，才不得不管。小鱼觉得，男友在狡辩。两人不顾场合地吵起来！男友带着女孩离开，对小鱼置之不理。

小鱼说：交往两年多，其实我也知道彼此是什么个性，如果不合适，早就分手了。做事上，我有我的一套风格，他也有他的。以前也知道相互协调，有了摩擦，他总是迁就我，偶尔，我也会妥协一下。

他对我一直很好，我的女友们都羡慕我有个疼我的男友，谁知道，他那天当着那么多人的面，为了别的女人，跟我翻脸，对我又是吼又是骂的，让我好没面子！

我当然不能轻易饶过他！那天他回家，洗过澡就要睡觉。我心里还有气呢，他还想睡觉！我一定要他给我个正面解释！他却嫌我烦，嫌我不理解人。

我生气了，就说了几句反话刺激他，没想到他反倒对我骂粗口，说我脑子进水，说我猪头。我也实在生气了，就回骂了他几句。

虽然后来我们也和好如初了，但和好之后，他似乎再不愿意跟我沟通想法了。他有什么事好像总是藏着，我问他，他只是敷衍我说几句无关痛痒的话。我也同样感觉尴尬，总想跟他谈心，却又不知该怎么开口。

从前我们凡事都拿出来讲，讲到对方心服口服了，事情也就迎刃而解，并不会留下什么隔夜仇。我很怀念那时交流的感觉。我想知道，是不是那天的争吵真的影响到我们的关系了。

从小鱼的叙述中，可以看出，影响到他们关系的不是那天的争吵本身，而是争吵中他们采取的低级手段。说反话刺激人，骂脏话侮辱人，这都是情侣间吵架最低级的手段。就是这一低级手段损伤了小鱼与男友之间已经建立起来的相对高级的沟通模式。

而坦诚直接效率高的沟通模式，相比说反话、骂脏话不知要高级文明多少倍！

要知道，这种高级沟通模式并非轻而易举就能建立起来的，它需要长时期的交往磨合，彼此间要有高度的信任和坦诚。那天，小鱼与男友都是因为一时冲动而情绪化膨胀，爆发了低级争吵，这使得他们原本建立起来的高级沟通模式受到损害，令之前相互的信任和坦诚受到怀疑。这是他们和好之后彼此很难启动高级沟通模式来交流的主要原因。

如果我们已经与恋人建立了成熟的关系，就不要随意去打碎它。当然，一对情侣吵架，吵到激昂亢奋，就难免口不择言，说反话、骂脏话，甚至大打出手，而这却是谁都不希望的！有时，我们也明明知道这么做并不理智，可又为什么会明知故犯呢?

因为，我们冲动。冲动后，我们的怒气和偏激想法就占据了大脑，这时系统的思维模式被打乱，就很容易对恋人做出跟动物互殴差不多的低端行为。

但，只要是人就会有冲动的时候。而我们要维系一段感情，建立起良好的沟通模式，就要抑制冲动。抑制了冲动，就可以有效防止我们与恋人在争吵中犯下说反话、骂脏话的低级错误。

那么如何能抑制冲动呢?

有怒气的时候，多喝水可以转移你的注意力，舒缓当时在你头脑中急速运转的激烈想法。当然，单靠喝水解决不了根本问题，重要的是，我们要清楚说反话和骂粗话的恶劣后果，记得控制自我情绪。

如果感到控制情绪十分困难，那么不妨平时多练习，在感觉自己要发怒之前先深呼吸，默数十个数字，也可以多看看儒家思想典籍和心理方面的书籍，提升自我内在修养，学会淡定平和地处事。

情侣之间总是难以避免争吵，而争吵对于两人的感情沟通来讲是利弊参半的，这完全取决于你怎么吵，你带着怎样的目的去吵。你们既然已经建立了高级沟通模式，就请别用低级手段来与他（她）吵架！

建立起一个高级的沟通模式和成熟的关系不容易，可是毁坏它却很简单。想要更好地沟通，想要更好地维护感情关系，就不要做冲动幼稚的事。否则，你就会像小鱼和她男友一样，让成熟的关系受到破坏，结果又要从头再来！

做成熟的人，用成熟的姿态处理问题。

请千万记住，恋人之间，解决纷争，别用说反话、骂粗话这样最低等的沟通手段！

不要再为吵架的事做诸多解释或辩护

那天，子东向我抱怨，女人真是难伺候！

子东说，上星期跟女友安娜因为一点小事吵架，吵过了，他也有些后悔，便过去讲和，安娜一副冷脸对着他，无论他说什么，都被她冷言冷语顶回来！

子东非常懊恼，又忍不住跟她讲理！事情本来不是他的错，是她太敏感、太小气，他现在低下头来求和，就是为了两个人不要伤了感情，问她怎么还这么不讲理，结果两人话不投机半句多，又陷入了冷战。

子东坐在我对面，抓着头发，一脸苦恼，问我怎么办。

子东这个案例，我不得不说，有些人真的很悲剧，明明撂下面子来跟爱人言和，却还不忘记对错真理，摆出一副“你要接受”“你要明理”的架势，结果却言得两人更不和了！

情人之间闹别扭，当时激动，过后或早或晚大家都会有言和的意思。那么主动提出言和的那个人要如何做才能令言和成功，这需要注意很多问题。

由于感情上的事情，两人一旦吵起来，就都会在心里憋着气、较着劲。这时，你决定不憋气、不较劲了，你想要言和，却并非你想要立竿见影就能立竿见影的。

对方的气还未消，对方还想继续冷淡你、惩罚你、折磨你。你一旦决定言和，就要作好开口碰冷钉子的准备。为了避免不碰大钉子，就要注意言和的时机和采取的策略。

言和除了要讲时机和策略之外，还要注意大忌。

那么，什么是言和的大忌？

就是在你言和的过程中，将刚刚吵架的内容反嚼，重申你对事情的看法，再次为自己辩护，向对方申述是非曲直。

这是情商非常低下的表现。

试问，你为了什么言和？

如果是为了向对方阐明你本来没错，那就不要白费心思地用言和“包装”卖辩解“商品”了！对方是不会买单的！如果正巧这时对方的气还未消，那么再次争吵就难以避免！

所以，我们在想要言和的时候，就要确定一个重中之重的目的，究竟是要讲道理还是要讲感情？

如果讲感情，那么好，把道理扔一边！说软话，主动抱抱对方，亲亲对方，亲手为对方煮一杯咖啡，向对方承认错误，把所有错误揽下来都好，总之，先让对方接受你的歉意再说！

如果讲道理，那么也好，把感情扔一边！不要想到底能不能言和，只要一股正气将对方辩倒辩跑就 OK 了。但这样还讲什么言和？！

情人之间的言和没道理可讲！你真要讲理，就要先保证对方跟你讲了情，之后再说你的道理。

言和之初，如果对方依然持有自己的想法和意见，你就千万不要再辩驳！此时，你多一句辩驳，就无异于在准备熄灭的炉火上再加一把干柴！你想讲道理，也要先捋顺对方心里的逆鳞。对爱人暂时的顺从和妥协不会让你缺斤少两，更不会让你矮谁半寸！

当你柔化了你们之间的矛盾隔膜，让对方感觉到你言和的诚意，这个时候，对方也未必不会反思自己的错失，甚至还会感到抱歉。

子东的错误点在于没有意识到“言和”的重点，更没搞清楚大部分的“言和”都是要主动提出言和的那个人做出“礼让”和“牺牲”的！

争吵后，两人谁也不理人，以为谁坚持得越久，谁把自己垫起的高度就越高，这是内心在较劲的表现。

对方站在这样的高度，你想言和，就得首先走下自己垫起的高台，然后再给对方铺好台阶，以诚意打动对方，这样对方才能从“高台”上走下来，牵你的手，跟你走。

你一味地忘记不了自己受的“冤屈”，一个劲地跟对方申辩、申冤。这在对方看来，你只是假意走下来，铺台阶骗对方主动认错的把戏！这样对方怎能消气？那么对方只好把你压制到底！这个时候，你就别想对方能走下来与你握手言和了！

我的一位客户张先生，有段时间也是很受言和失败的打击。

那段时间，他跟女友因为购置婚房的事情闹得很不愉快，一个坚持要在A楼盘上选，另一个坚持到B楼盘上选。张先生的女友很讲究生活质量，她喜欢接近大自然，于是想要买市郊的A楼盘。而张先生觉得那边的楼盘距离市区的公司太远了，这样一个月跑下来，仅是汽油钱就多出许多！而且他们都还是贷款买房，这样每个月负担也太重了些。而女友认为买房是一辈子的事情，当然要以生活质量为主！

两个人因为买房的事情没事就吵，后来房子没买成，两人的爱情也告急了！

张先生问我该怎么办？

我问他，是不是还想结婚。

他说那当然！

我说，那就由着她嘛！总不能你这边买了房子，没有新娘吧？

显然，张先生所判断的对错，是基于他自己的价值取向，而他女友的想法，也是基于她自己对生活的看法和要求。两种价值取向没有绝对的对错，张先生没有必要执意地向女友灌输他的价值观。

不管是谁，已经形成的价值观是很难改变的，两个人要相处下去，就必须有一方拿捏一下什么更重要，为感情让一步。事情也并非到了非要辩出个对错、黑白的程度。你想言和，那就明确地表态，做出姿态，给对方紧绷的神经松股劲的机会，或许还有改变对方主意的可能。

后来，张先生告诉我，他和女友言和成功了。我问他到底是买了A楼盘还是B楼盘。他在电话里笑着说，都不买！买的是C楼盘！我说，折中一下也不错，这说明女友还是被你言和的诚意打动了！

张先生后来学精明了，凡跟女友发生了矛盾，绝不在言和的时候讲什么大道理。女友喜欢跳探戈，他先哄好了人，再提议跳舞，在感情热烈又浓郁的音乐里，什么矛盾冷淡都化解掉了！他现在坚信，先把人拿下，别的都好说！

言和的关键是要保持和气，记得妥协，学会放下。

放下对自我意识的坚持，放下对事实真相的固执，放下你戴上了不舍得拿下来的面子，那么你距离言和就近了一步。

暂时的“委曲求全”并非要永远“忍气吞声”，要对方明白你的心意，要对方了解到你的苦处，要对方清楚自己该改进的地方，这也需要时间。

先把对方收服了，道理以后再渗透，相对于爱情本身，一时的输赢真的没那么重要！

PART 8 我们和好吧：跟谁较劲，别跟幸福较劲

小吵是发现对方优点的重要途径

前几天，突然接到娟子的电话。

她曾向我咨询感情问题，记忆中，这个女孩子非常乐观。

娟子在电话里跟我说，她刚跟男友吵架了。

我有些担忧地问她怎么了，她却突然间在电话另一端大笑起来。

她说：我和他刚刚吵过之后，才发现他还是那么爱我！我以为，我们交往时间久了，他对我的感情已经淡了，对我不那么用心了！可刚才，我才知道，他为我们的感情做过那么多努力，是我自己太马虎了！

我笑问娟子：到底是怎么吵的？

娟子在电话那头，一人分饰两角地向我重现了争吵的情况。

娟子说男友懒惰，每周的衣服都留给她来洗。男友反驳：那我还每天坚持给你做早饭呢！你的牙膏也都是我挤好了放在洗脸池旁边的。

娟子又说：那你也自私，你出去跟朋友吃大闸蟹都不带上我！

男友反驳：你忘了自己吃海鲜过敏了吗？我自私？你每晚都把被子抢走，我怕惊醒你，都不敢拽被子！

娟子有点不好意思：那你拽好了，我又没说不让你拽！

男友解释：你精神衰弱刚有点好转，睡个好觉不容易，我怕你复发好不好？

娟子说：你还说我浪费！我哪次出去没给你买东西啊？我吃个汉堡都想着你！前天，我发现咱们的积蓄突然少了，是不是你偷偷买什么了，还不告诉我？！

男友叹气道：我是偷拿了咱们的积蓄，有个去新马泰的旅游团，价格很实惠。你不是一直想去吗？我已经请好了假，准备给你惊喜的！

娟子告诉我，如果不是这次小吵，她真的忽略了他的细心体贴。他记着她吃海鲜过敏，记着每早为她挤牙膏，记着一年前她说过一直想去新马泰玩一趟。

娟子说，后来，男友突然抱住她说，能有她这么贤惠的女友非常幸福呢。

看得出来，娟子和她男友在争吵中都发觉到了彼此的优点，结果让彼此的感情更加甜蜜。

像娟子和她男友这样，从争吵中得利，能看到争吵的积极方面，而不只是落在了负面内容上，这样的争吵真是吵有所值啊。

我们常说，大吵伤身，小吵怡情。确实小吵还有一个好处，就是让情人发现对方身上平时被自己忽略的优点，就像娟子和她男友那样。

情侣之间，一些小误会和小矛盾，如果不及时清理，就很容易积少成多，养成一个大黑洞。如果感情关系不够强悍，内心不够宽阔，那么这个大黑洞终有一天会吞噬掉两人的爱情。

所以，恋人间虽然最好不要争吵，但真要争吵，也千万不要回避，对于一些鸡毛蒜皮的小事，不痛快就说出来，别怕吵，别怕恼，只要彼此是真诚而理智地沟通，那么小吵一下又何妨？通过小吵，把问题说出来，让彼此在讨论中找到忽略的真相、挖掘出爱的潜力，谁能说不好呢？

有人常说吵起来很烦，那是因为你只看到争吵的负面，没有翻过来看看争吵积极的一面。如果不吵，你可能许久都察觉不到爱人也在同样忍受着你的诸多缺点；如果不吵，你可能也始终无法让爱人知晓你为其付出的心意。当然，这样的争吵不是大吵，而是小吵。

其实，你们可以更好地相爱，不需要在猜来猜去、躲来躲去的迷雾中寻求“化繁为简”的幸福感。

你以为连小吵都给避免了，就能把幸福变得简单，事实上这样很可能你在将许多简单的小事情堆积成将来可能大爆发的复杂问题。

“瑕不掩瑜”的爱情才是有温度的真实的感情。

那天，汤先生跟我说，他很后悔跟女友吵架。他让女友伤心了，他也很难过。

原来，前阵子汤先生陪同老总参加一场业内酒会。

那晚女友兴高采烈地拿出为他重金采购的行头，谁知汤先生一看那衣服，知道价格不菲，就一脸不高兴，怪女友太奢侈浪费。

女友不开心了，满心地想帮他包装一下，他居然还不领情！衣服是不便宜，可都是她平时省下的美容费和业余时间赚下的稿费。的确，两个人供房很艰难，平时省吃俭用不舍得花费，但无论怎样在职场上的投入不能缺少，毕竟汤先生一直很得老总的赏识，女友不想让他显得太寒酸。

我说汤先生：真是身在福中不知福！

汤先生也点头，还说：如果知道是这样，就不跟女友吵了，还惹得她伤心，幸好最后还是把她哄好了。

我笑：你不跟女友吵，如何能看出她的用心良苦？你这个人，满脑子生意经，一抬眼皮就只看见衣服上写着“浪费”两个字！女友为你买衣服、挑领带、订袖扣，为你打理外表形象，首先这就是爱你的表现，而且她希望自己的男友能在众人中不逊色，也是为你的事业憧憬着想。你不看看这些用意，反而专注于花了多少银子，你真该多反思一下！

汤先生问我：那以后有问题了还要不要吵？

我说：吵！当然要吵！但要记得不是瞎吵乱吵，是要有目的有秩序地吵，这样你们的交流才能变得直接有效。人和人之间思维都有盲点，如果你看见的她看不见，她看见的你看不见，那么，两个人就必须沟通！

的确是，不要回避小吵，更不要只看见烦恼，在小吵中互相刺激一下，就能发现彼此身上存在的更多闪光点。

如果还是不可避免地吵，那就先不要随意插嘴

第一次听蓝莓说话，就觉得她语速很快，说起话来就像机关枪发射。

蓝莓也坦然地告诉我，男友也对她说话太快有意见，可是她已经习惯了，而且越是心情不好的时候说话越快！

我笑：那你男友一定吵不过你喽?

蓝莓的脸色有些难看：他吵不过我倒还好，主要是我们俩总是越吵越乱。他说的一些事情，我有意见，我当然要表态啦！我一表态，他就解释个不停，可他的解释完全不符合事实，我当然要举例反驳啦！可他居然还怪我插嘴，真是讨厌！就这样吵来吵去的，到最后，我和他都是口干舌燥，也没弄出个头绪来！

我问蓝莓：有没有试过，听男友把想法说完整之后再发表意见?

蓝莓说：我忍不住要说啊！再说我说话的时候，他也总是插

嘴啊！凭什么要我安安静静地听他说话，就不能让他安安静静地听我说话吗。

我告诉蓝莓，她和男友之所以越吵越乱，就是因为两个人都缺少听对方说完的耐心，急于表达自己内心的不满与怨气。

没有耐心的沟通不但会导致局面混乱，而且还会令彼此对本次交流落下一个诚意甚少的印象。

沟通中，你插嘴就会难以避免地打断对方的思路，这时对方便会就你插嘴的问题纠结迂回地辩论，在辩论当中，对方很可能因为偏离了原来自己所要表述的问题而越辩越急躁，还会认为你在故意作对。这是非常容易点燃战火的！

不论对方心里的想法是不是你说的那个样子，你的猜测和反驳都会招来对方更多的辩解。

你对对方阐述的认识掺杂了太多自我主观的想法，这样你既不能明了对方的真实想法，更无法让对方搞清楚你的真实想法。两种想法参差不齐地出现在你们的对话之中，不越吵越乱才怪呢！

火腿三明治可口，争吵三明治会让你吃不了兜着走！

越吵越乱的局面里，两人都忍不住要狡辩和回击对方。

先不说这种狡辩和回击是否正确，毫无疑问的是，这种行为会造成两个人思维路线发生无谓的死缠，令沟通陷入泥沼，令争吵成为人间悲剧。

如何能克制住插嘴的欲望呢？

我们首先要做到对彼此的尊重。

所谓尊重，包括尊重对方的表决权，尊重对方的话语权，尊重对方的参与权，尊重对方不同的思维模式与行为逻辑。

这种尊重不只是说说而已，你要做到，才不会让尊重成为空谈！

对与陌生人的交际来说，你尊重了对方，对方才能尊重你！情人之间，虽是最亲密的两个人，但如果没有尊重的爱情，也走不长久！

保持这种尊重，才能在彼此之间的交流中建立一种秩序。

秩序也是一种规矩。无规矩不成方圆。没有人不清楚，过马路走斑马线，红灯停绿灯行。

那么，我们也都该知道，不得不吵的时候，也要遵守秩序，这样才不至于将问题吵得没边没际。

凡事有了规矩，讲了秩序，才能保证有效率，不会乱套！

情侣之间你一言我一语的争吵，两个人的思维和关注点往往南辕北辙不在一个方向上，这对沟通没有好处。

我们需要遵守秩序。

听对方说的时候，就专心倾听，待对方表述完全了，再将自己思考的结果告诉对方，这个时候，两人才能形成听与讲的有效对接。

蓝莓告诉我，她跟男友有一次因为一位女同事发来的天气预报短信吵了起来。

蓝莓问男友：那个女同事是不是对你有意思？

男友解释说：只是很好的普通朋友，工作上比较默契，再说人家有男友，能有什么意思？

蓝莓插嘴道：有男友又怎么了？有男友照样可以劈腿！不劈腿也可以找备胎呀！她给你发这种短信，就是表明了关心你！

男友说：朋友之间关心不对吗？那上次你同学的表哥不还给你送两箱榴莲吗？

蓝莓说：那两箱榴莲，我本来是要付钱的，人家没好意思要，跟送是两码事！

男友又说：没要钱！为什么不要钱呢？是不是对你有意思？吃了人家的嘴短吧？榴莲？对你留恋吧？

蓝莓大叫：如果送的是LV、GUCCI，你吃醋还有点值得！别人送的是普通水果，你也跟着较劲！你也真是没救了！

男友又说：我吃醋？你最好关心下自己毫无曲线可言的身材，再掂量下谁会为你吃醋吧！

两人整个一个乱吵！

我问蓝莓：男友跟那位女同事究竟怎么回事，后来搞清楚了吗？

蓝莓有点不好意思：哪还搞得清楚！那天都吵到各自的几位前任身上了！根本是乱吵一通！弄得彼此都特别不愉快！

蓝莓还说：我是想尊重他，想听他说完，可做不到的人又不只是我，他也没做到嘛！

我说：这种尊重是要相互的，但如果没有一个首先站出来做出主动的努力，就会很难有积极的效果。

蓝莓和男友的交流方式真需要好好调整一下了，这种东打一枪西放一炮的吵法，是很扰乱视听、搞乱逻辑的。

别人说一句你插一句的做法，非常不利于交流的顺畅，不顺畅了，情绪自然不好，两个人各持己见，又各跑一边，说不到一块去，又怎么能谈拢事情呢？

情人之间，不要总是顾虑太多，不要怕做“第一个吃螃蟹的那个人”。为两个人的幸福，这本身就需要彼此付出更多的包容和爱。

你的付出不会总是单方面的，对方会感受到你的努力，并在互动中回应你。如此下次争吵，你们便不会出现那种毫无秩序的混乱场面了。

如果你们已经形成了不好的沟通模式，那么改进起来就需要时间和考验。你要坚持，有耐心，才能影响到对方。而两个人同时朝着一个方向努力，也需要长期的磨合，才能形成成熟的交流模式。

而争吵中你的随意插嘴和随口狡辩，只会将你们两个人的争吵变得出力不讨好，足以令你们的情感关系裹足不前，还会因一点小误会就陷入瘫痪境地。

因此，别因为随意插嘴把情侣之间的交流变成乱哄哄的争吵。争吵中的随意插嘴只会让你无法真正知悉对方要完整表述的意思，结果影响了你们之间原本甜蜜的情感。

针对两人的不同之处，找到妥协配合的方式

那个周末，珍珍拉着男友大为来找我。刚一坐下，珍珍就开始发表意见。

珍珍说大为总是不顾及她的感受：上周，他一个人出去参加旅游团，明知道我喜欢旅游，还丢开我不管！还好意思把坏掉的车子借给我用！说是怕我挤地铁上班辛苦，其实是要我义务帮他修车！

还有那次，我跟几个闺蜜准备办个内衣Party，我想让他帮我，他却说这主意真无聊！他这个人就是这么没情调！平时闷得像根木头，我想两个人在一起怎么能这么没意思。

我想带他一起玩，他就是不肯。每次去酒吧、唱K，我的女朋友们都有男友陪着，他怎么这么不体谅人呢？

大为的气势也不服输：那你就体谅我了吗？大半夜出去玩不回家！打你电话你又不接！害得我开车去各个酒吧找你！你喜欢

玩乐，你就去玩，我也不反对，但你怎么就不想着回家呢？那天是我升职的好日子，我做了一桌子饭菜等你回来，你倒好，打来一通电话，还说让我听什么海浪声！原来你一声不响地跑去搞什么海边烧烤！

珍珍和大为显然都没怎么学会换位思考，太站在自我的位置上思考问题，故意用“自私”行为来惩罚和告诫对方，在对方眼里，这种方式却是“此地无银三百两”的挑衅行为。

他们原本可以相互配合一下，喜欢夜生活的，稍稍早一些回家陪男友，不喜欢夜生活的，偶尔出来帮女友撑撑场面，这本来是可以两全其美的事情！

在一段感情关系还未确定之前，男人或者女人都可以为了讨对方欢心做出许多“委曲求全”“独尝苦果”的事情，可是为什么一旦相爱了，越是混熟了，反而就越不融洽了呢？是我们隐藏得太深了，还是后来我们变笨了，还是因为我们懒惰或者内心放不下骄傲？

都是，也都不是。

男人和女人不同，正因为不同，才会产生不同的磁场吸引，男人和女人之间的生物磁场吸引造就了爱情的发生。

这种不同，使得初识的男女被奇妙的新奇感包围，成了爱情的酵素。

但同样的，一旦两人确立恋爱关系，交往一段时间情感就会从热烈转为平淡，从陌生转为熟悉。之后这种“不同”又会变成爱情中的萃取剂，萃取出两人相容的某些个性特点，从中分离出不相容的某些个性特点。

随着交往的深入，你和对方都会发觉彼此身上一些令人咋舌的地方。

也许你会大叫：天哪！我当初怎么没看清楚，他（她）居然是个恋物癖！对辣椒过敏的他（她）也可能大惊小怪地大跳，问你怎么每顿都要吃那么多的辣椒酱！

对方抱怨你是自恋狂，你可能还发现了对方居然是个自大狂！

对方办事欠缺果决，优柔寡断，而你办事风风火火，讲究高效率，奉行“心动不如行动”！

对方喜欢购买各种保险，而你觉得保险是骗人钱财不替人消灾的骗人东西！

那么，这时的你们就已经揭下了彼此脸上的“画皮”，看清楚了真正的彼此。如果你还想爱情继续，那么就要学着妥协，学着配合对方。

如果你说我不想妥协，不想这么没自我地配合对方，不想这么容忍对方的缺点，那么，麻烦你千万不要再谈恋爱了！

没人能完全符合你的想象，也更不存在你完全符合别人“梦中情人”标准的可能！

别做梦了！是人都有缺点，是人都有个性！

你的缺点和你的个性碰撞到他的缺点和个性，就会有爱火，也会有烦恼！

其实，这并非什么大灾难，几乎每对情侣都会碰到，不然还谈什么恋爱？直接去民政局办理结婚手续好了！

恋爱就是要通过相处，挖掘二人之间适合将感情继续延展的可能。

除了个性、文化、个人信仰等诸多因素的不能相融合之外，还有许多人为上的认识偏执与行为懒惰会导致两人不能继续走下去。

有的情侣明明很般配、很相爱，可是却在交往过程中没有把握到交往的密钥，放纵了各自的“自我”部分，令“我们”的联盟土崩瓦解，从而错失了幸福的机会。

相爱的两人常常在问题发生之后，只知道发泄怨气、不满，却没有想到在发泄之前，多站在对方的位置思考一下。

必要的时候，做出一些让步来配合对方的生活方式和理念，这是情感关系走向成熟的必经之路。

你应该清楚，情人之间不懂配合，不知妥协，是非常危险的。

相爱的过程，就是要找到共存的模式与共同的道路，将爱变成更美好的存在，如果找不到，那么爱就会成为彼此的惩罚，不如不爱了。

你喜欢这样处理事情，我喜欢那样。你看问题是这个角度，我看问题是另一角度。你最不能容忍的是这一点，我最不能容忍是另一点。

事实上，两个人的不同点，除了会产生相互排斥外，还有着互补互助的良好作用。

从前，有一位眼盲的男子娶了一位哑巴姑娘。

男子眼盲看不见姑娘的种种缺点，譬如邋遢、不修边幅、馋嘴、懒惰等，而哑巴姑娘即便对男子有诸多不满，也无法啰啰唆唆磨磨叽叽地说上大半天，两人因此恩恩爱爱过了一辈子。

这样的两个人配合在一起，还真是天生一对！

从这个小故事中我们应该明白，两个人决定在一起了，有的时候为了配合对方，我们既要“眼盲”，还要“哑巴”。

需要指出的是，“眼盲”“哑巴”是两个人在相互协调中都要进行的，并非是某一人独自做出，一味听从对方的指示。

准备爱人的第一步，就是要学会妥协与配合。

在两人相处中，发现两人的不同，并以此来磨合出一套相互妥协与配合的关系模式来，研究出属于两人专有的“爱情共处五项原则”，不要觉得麻烦，更不要觉得没必要，这是你们的爱情必修课。

你选择永远胜利，还是选择拥有一段好关系

我们常常说人生要永不言败，当然永不言败的精神是好的，但也要用对地方。

假如我们将“永不言败”的精神放在感情关系里，那么恐怕就要多出许多乱子！

有些人在爱情里一贯喜欢保持高姿态，争吵时，绝对要占上风，有理走遍天下，无理也要辩出三分来！即便吵不过，他们也要端起架子，不认错，不服软，对方来言和，还要看自己的心情如何。

在情人之间，能始终保持这种心态和姿态的人可谓“争吵贵族”。

“争吵贵族”要么因为在感情关系确立之初被另一方施与了过多的仰望和崇拜，要么因为本身个性里跋扈与骄傲特质难以收敛。但不管怎样，“争吵贵族”心中存有的优越感和尊崇感都会

败坏掉感情关系中的平等与平衡要素。

建立在不平等基础上的情感关系无疑是病态的，这种关系中的两人是无法达到真正的沟通的，两人间产生的问题也无法得到真正的解决。要想两人自在平等地相爱，“争吵贵族”们身上的毛病就必须改！

百合就有一位“贵族”男友。

这位“贵族”男友，是百合用尽全身解数，花了八个月才倒追过来的。

用八个月追求一个人，这么大毅力，一般人还真没有！

百合几分炫耀地翻开手机里的照片给我看。

的确，照片中的帅哥很有型。

我说：你收藏这枚精品，现在让你觉得累，觉得委屈了，是不是?

百合现出一脸苦色。

百合说她男友是被惯坏的。

男友算不上高富帅，却有一张几位男星五官部位拼出的脸，一双罗志祥似的桃花眼迷死人不要命！前面几任女友都对他特别好，但后来都忍受不了他的脾气，一个个地离开了他。

百合说，自己也是太爱他了，总是不忍说出令他难受的话。

每次争吵，百合看见他气得浑身发抖，就赶忙闭嘴。冷战持续不到多久，百合就对男友投降示好了。

你说我是不是很没骨气？百合这样问我。

爱得多一些本身没有错，但不要把自我忘记了。

感情里，太坚持自我会令彼此沟通配合举步维艰，但太忘我也同样会令彼此缺失爱的呼应与共融。太自我的人喜欢沉浸在被认同被服从的氛围之中，而太忘我的人则是习惯了低眉顺眼、委曲求全的卑微姿态。很有意思的是，在这世上，太自我的人与太忘我的人总会拼凑成奇怪的一对。

但爱情不是唱双簧，一个人光鲜亮相，另一个人安心守在背后帮忙；爱情更不是木偶剧，牵线指挥的那个人终有一天会觉得乏味无趣，终日被摆弄被支配的那个早晚会崩溃。

对于百合来说，现在她要做的是，帮男友改掉这个尊贵毛病，但这首先要确定，他是否也爱她。如果他只是喜欢单方面享受被爱，那么百合就应尽早离开，不要继续沦陷下去，不然，就算她连死了的心都有了，他也不会在乎她丝毫。这种爱情是不讨喜的，更不会让人获得幸福。

百合说，其实男友也是爱她的。比如，上下班会接送她，过生日会为她设计一个非常有心意的泳池 PARTY。还有一次，她被变态老板性骚扰，男友很霸气地把那个老板狠狠一通揍，拉着她从公司出来，告诉她不要怕，没有工作，他养她！

百合说，当时，她感觉棒极了，被自己心爱的男人保护着，满心都是幸福。她觉得，男友就是她的 Hero，是她的神！

我笑：可是神会拯救人类，也会惩罚人类。

百合点点头。

可就是这样一个男人，就是不肯向她认错。

十次吵架，十次都是她主动认错，不管事情原委是怎么样的，他都是一副等她言和的样子，她觉得自己永远是那个失败者。

她也希望像别的女生那样被男友宠、被男友哄，生气了可以随便对他发发脾气，委屈了可以在他怀里任性妄为。

可男友就是给不出这种柔情蜜意。有过几次，百合狠下心想要治治他，可最终都没能达到目的。

百合非常苦恼：我真不知道该怎么办？难道我和他真的不适合？难道我真该跟他分手？

我说：你和他适不适合还不好说，两个人是否适合做情人，要看沟通交流的结果，但你们的沟通交流一直处于单方面言说，你在服从，而他在命令，这种模式的交流等同于没有交流。

百合几次用冷战的方式来改善关系，这种方法对于被宠坏了的男友是不起作用的。因为潜意识里，他已经把她与他的关系看得通透，也对自己在此关系里的地位坚定不移。也就是说，他认准了自己吃定她了！

被人吃定的感觉是非常复杂和纠结的。一方面会让人因为觉得被自己倾心的人掌控和拥有而有一种自身价值感被认同的虚荣，另一方面又会让人觉得对方蛮不讲理，于是就给对方定下大男子主义或者大女子主义的罪名！

罪名是有了，但实际上，法官从来不是处于弱势的你！

对方站在高处对你指责也好，不理会也好，总之就是要你服从，即便明知自已错了，也还是要拿出“唯我独尊”的姿态来压制你！

对付这样的情人，心不能软，行动要缓，要讲究策略，要智取不能猛攻！

你今天把人家当作上帝，明天把人家打成撒旦，这地位和名誉之间差距太大了，任谁都受不了这份刺激！

要宠，要哄，要施以怀柔政策，多来点糖衣炮弹，待对方放松警戒，再打让对方措手不及的咸鱼翻身仗！

这才是聪明的反客为主的攻略！

当然，在感情关系里的两人，最好还是既不要做失败者，也不要做永远的胜利者。

失败者或者胜利者都不是感情关系里该出现的角色。

如果感情关系里出现如百合及其男友那样的情形，那么那其实说明两人不是情人，一方只是另一方的用人或仆从。

想要更好地相爱，提高爱的质量，你就不能够太自我、太自私，否则就是对另一方的漠视，对爱情的误解和伤害。

感情是相对平等的关系，是禁不起这样长久遭受重压的，也没人能永远背负你这么多的骄傲。

将对方永远“踩在脚下”的想法，是非常幼稚不成熟的。

相爱应是建立在相互平等的基础上，和谐的关系需要你和对方用心维护，相互尊重，相互珍爱。

如果你是那个被宠坏的男孩或者女王陛下，你真该想想，你是要永远的胜利，还是要一段好的感情关系。

收收你的强者架子吧，别总等待对方妥协！

如果你们之间没有和谐的感情关系，那你才是如假包换的失败者呢！

若你是 36 号的脚，就不要羡慕人家有 41 号的鞋

人总是喜欢比较。男人喜欢比较谁有能力，谁的事业进展好，谁更有社会地位；而女人喜欢比较谁美貌，谁气质好，谁嫁得好。

在爱情方面，不论是男人还是女人，在同伴面前都还是忍不住去比较。男人比较谁的女朋友听话、温柔体贴、善解人意、相貌美、身材好，女人比较谁的男朋友英俊潇洒、幽默风趣、用情专一、博学多才。

比较来比较去，难免有的人羡慕，有的人嫉妒，有的人得意，有的人失意！

人的内心真是太容易受影响了！

那天，丁宁约我在公园见面。

她说：最近心情烦乱，总是有事没事地跟男友找碴吵架。

我问：怎么了？

丁宁沉默了一会儿才说：上个月，她的一个好友订婚了。

实际情况是，好友邀请丁宁和男友出去吃饭，结果一见面，丁宁被好友的未婚夫震慑住了！好友的未婚夫人长得帅不说，还在美国留过学，文凭能力不一般，还能说八国语言，据说会跳探戈，钢琴八级，做过赛车手，家世又好，事业更不用说，已经是S市小有名气的建筑设计师了！

丁宁说完这些，随后就是唉声叹气：那天吃完饭回来，我就不停地在想，怎么好友就能找个那么出色的男友？！再看看我的那位，人长得还算可以，学历呢普通本科，工作呢一般小职员，每个月那点死工资，跟他出去吃顿西餐还得算计半天！外语呢，他也只会用英语给老板打打文件！风趣幽默的功力，也只限于讲讲黄色笑话吧！钢琴？他倒是会吹口琴！低俗！粗鄙！毫无亮点！真是没法比！

丁宁告诉我，她越来越有种想要提分手的冲动了！这几天她已经跟他吵了许多次了！

显然，丁宁没有认识到人比人气死人的道理！她只知道羡慕别人的幸福，却忘记了幸福都是不可复制的。就算她找到一位像好友未婚夫那样的男友，就可以复制出好友的那种幸福吗？

对方留过学，可能也会要求自己的女友不只是普通高校毕业；对方会说八国语言，会跳探戈，会弹钢琴，这些素养，他有，她没有，他们在文化素质、艺术修养上落下一大截，将来沟通也是个问题！维持这样的恋爱关系，于她来说，难度非常大！

情侣之间的相处，需要两个人之间建立一种共处的默契。你可以不费力地了解对方的内心，对方也可以省下向你作多方面说明的力气。如果两个人的想法总是搞得混乱，驴唇不对马嘴，那么爱起来就只会很难很难。

两个人的默契体现在精神交流、生活习惯、脾气秉性等各个方面。

我问丁宁：你是否准备好迎接新的挑战，冒一次险，把现有的幸福抛弃，去寻找你梦寐以求的“绝配情人”？

丁宁思虑良久，又对我摇头，最后叹了叹气，说：其实仔细想想，男友虽然学历不高，可工作很刻苦，又有上进心；虽然赚得不多，可每个月都一分不少地交到我手里。还有几次公司发了奖金，他不是给我买礼物，就是带我出去吃饭。还有我脾气不好时，总是喜欢摔东西，而他就跟在后面收拾残局。他很贴心，虽然不怎么会做家务活，可我生理期时，他绝不让我碰一点冷水。

再想想他的缺点，穿衣服没品位，不过倒还有自知之明，听凭我来打理；他做饭不好吃，但他也会安心地给我打下手。

我路盲，出去逛街都必须有他陪着，搞得他对商场比我都熟悉。他贪吃，我贪睡，一个负责每早叫醒对方，一个负责做早饭。这么想想看，两个人才真的是“绝配”！

说着说着，丁宁自己也乐了，还不好意思地问我：我是不是头脑发热啊?

我说：你啊，确实是发烧了，不过现在退烧还不晚！早点收了之前的怨气，跟男友和好才是正道！

人啊，总是不满足，总是容易被杂念带入迷途！

当然，每个人对未来都有期盼，对自己恋爱的对象都有这样那样的想法。这是人对美好的正常向往，无可厚非！但请注意分清楚现实与梦幻！

不要做水中捞月的猴子！

我们不是天真的猴子，将对美好爱情的愿望付诸实践也需要量力而行。

我们都希望自己的另一半更符合我们的想象，最好是梦中情人，心中偶像的翻版！但我们首先也要去想想，自己是否符合对方心中的标准。

我们每个人都是有缺点和不足的，既然相爱了，就不要对对方附加过多的不可能实现的构想。

你所羡慕的别人的幸福，不是你们的。

爱，就在一起。

在一起并不需要通晓天文地理、齐民要术，只需要你和对方用心来相处，用爱来维护。

这世间没有完美的感情，只有适合你的感情。

两个人在一起，不是为了让外人评价什么郎才女貌天仙配，而是两个人在一起很舒心，很踏实。

你能容忍对方的毛病，对方能包容你的个性，你们心心相惜，能够相扶互补，这才是最重要的。

幸福真没有你想的那么复杂！

为什么不珍惜身边已有的幸福？

不要做盯着别人碗里的反而丢了自己锅里的那种傻瓜！

有一则小故事说的就是这个道理。

天使降临人间，遇见一个男人，这个男人家财万贯，有娇妻，有爱儿。当天使说答应他一个愿望时，男人说想要幸福。天使答应了。转眼间，男人变得一无所有，妻儿相继离他而去。

男人崩溃地问天使：我要的是幸福，你怎么给我苦难？

天使点点头：我这就给你幸福！

天使的手一挥动，随后，男人发现自己的家宅财产又回来了，他美貌的妻子、可爱的儿子也回来了，一切都恢复到了从前的面貌！这个时候，他忽然感觉到无比幸福，激动地大哭起来！

真正能令我们幸福的其实并不需要很多。你所看到的别人身上那么多的光环与闪耀，并不是爱的真正内核。你想要的幸福，也并非由这些物质来支撑。真的没必要艳羡别人！

你对爱人不满意了，对现在的幸福有了遗弃的心理，那么也要作好准备，当你奔赴一份超出你所能负载的幸福时，有一天，你也可能被这份幸福遗弃。

珍惜现在的所有，不要制造无中生有的烦恼。幸福并没你想象的那么光鲜明丽，幸福是简简单单、平平淡淡、踏实的温暖。你可能已经握住了，握住了，就不要轻易撒手。

鞋子，要适合的尺码。爱情，同样也要适合你的SIZE。

有多大的胃，用多大的碗！长多大的脚，穿多大的鞋！

你有一双36号的脚，就别去羡慕别人有41号的鞋子，那样即便你勉强穿上了那样大号的鞋子，也只能既不好看又让你难受，别人看上去，也像是你借来的！

像格林童话里灰姑娘的姐姐们，削足试鞋，最终还是没能成为王妃！

PART 9 结婚的N种可能：爱到不想分开了，那就结婚吧

如果不是对方暂时的自我迷失，而是其本性的缺憾，那么你就不要再继续走下去了。这会是“裸婚”的致命伤，你真的负担不起！

对任何婚姻而言，财产多少不是根本，钻戒多大不代表幸福，其幸福关键在于两个人在婚姻关系里是否同心协力，是否积极地面对生活与困境。

对婚姻家庭要有担当，对另一半要有责任心，对两个人的未来要有期许，这才是婚姻中两人该有的心态和姿态。

裸婚不可怕，可怕的是听天由命的态度。

听天由命的态度会使你和对方的爱情在现实消磨中变得软弱无力，经不得冲击。这样的所谓幸福不过是你们彼此在自欺欺人地纸上谈兵。

不论是男人还是女人，如果选择了“裸婚”，就千万不要有听天由命的态度！否则，在今后的日子里，现实问题一件件地接踵而来，而你或者对方独自力撑的整个感情世界，终将因此而裸掉最后一张爱情的皮。

“二婚”这个标签，摘不摘不重要，戴不戴才重要

生活中，我们排斥二手货。买什么都要全新，一听别人用二手货，马上嗤之以鼻。对东西，我们有洁癖，生怕降了自己的档次；对感情，我们同样有洁癖，当一段感情到了谈婚论嫁的阶段时，我们最怕听见的噩耗便是，对方向我们隐瞒了他的婚史！

“二婚”这标签令我们生畏，常常有几种原因：

一是觉得婚姻遗留的诸多问题，我们不是很有能力处理得好。

二是拿将来自己的“2+1”模式的婚姻跟身边人的“1+1”的婚姻模式相对比，心理上可能会过不去那道坎！

三是亲友同事、街坊大爷大妈等等的舆论压力。

很多人总是特别在意这个问题，然而一旦忧虑变成现实，其中的当事人就会一边爱得无法分手，另一边又纠结得总想甩开那个令人厌恶的“二婚”标签！人真是矛盾啊！

佩佩最近找到我，对我述说了她跟男友的爱情故事。

她与男友的相识纯属偶然。当时，她陪老板参加一次会议，男友是当天开会地点的酒店经理。佩佩说，她从来不相信一见钟情，可是当她的眼光落到男友身上的时候，她就觉得，这个男人是她的。她也能感觉到男友的眼神炙热。直到她接受男友送来的红玫瑰时，她终于按捺不住欣喜，投入了他的怀抱。

佩佩觉得，真是浪漫极了！

佩佩说，他们在各个方面都非常合拍，她一个眼神，他就能明白她的心思；他一个动作，她就知道他要做什么。他们也会吵嘴，但说不清为什么，他们总是越吵越甜蜜。

佩佩告诉我，如果没有后来那件事，或许，他们早就结婚了。

我问佩佩：发生了什么？

佩佩想了想，慢慢地说了起来。

他对我非常非常好。但当我知道他有过一次婚姻的时候，我真不知该如何面对他和我们的将来。本来那天，他跟我说明这件事情的时候，已经准备好了求婚戒指，可能是我情绪表现有些失控吧，他没再要求我戴上戒指，只说给我时间考虑，他会等我。

那天分手后，他打来电话，再次向我道歉，他说一开始没对我坦白是出于他的私心，他怕我知道，很可能不会答应跟他交往。

他说的没错，我心里对未来婚姻一直有个底线，就是不找二婚不做后妈。

他虽然没有孩子，可他毕竟有过一次婚姻，不管是因为什么，我总觉得那是一个疙瘩。

我父母都见过他，对他印象特别好，知道他隐瞒婚史之后，我母亲对他的好印象大打折扣，我父亲还算开明，他说只要我幸福，他就同意我跟男友的婚事。

可我现在还是很矛盾。已经一个星期不敢见他了，可我每天都想他，想他对我的好，想他对我说过的每句话。我很难受，很难受，一夜一夜地失眠。

那天半夜他突然打来电话，他说他想我，很想跟我过一辈子。不过，如果我无法接受他这个二婚的身份，那么他也不会再勉强我，他希望我幸福。

我一直忍着眼泪，却还是哭了出来。我知道，我爱他，可我一想到母亲劝我的那些话，我还是有许多担忧。母亲还说，“二婚”的标签，一旦戴上了，就永远别想摘掉。

我越想越沉重，不知道该怎么办。可是一想到如果以后不能跟他在一起，我真的再不想结婚了！

我问佩佩：如果男友没有“二婚”这个标签，你是否会毫无疑虑地接受他的求婚戒指？

佩佩忙点头：那当然！

我笑：那为什么不试试去忘记这个标签呢？你把他过去的婚姻当成红字刺在你和他的身上，当作你们人生今后的惩罚，或许，你会在思虑再三之下，还赔上了你认为此生不再有的幸福。你真是蠢到家了！

为什么总是想着要摘掉这个“二婚”标签呢？为什么不能

与它和谐相处，把它只当成是一个过去式，不继续将它的作用点延伸？你总是在内心执着地将彼此的关系戴上这个标签，那么你的纠结点就会集中于如何摘下去！

试问，摘不摘下去，对幸福真有决定性意义吗？

但凡保持点理智的人，都会明了这已经发生了的事情，摘与不摘，都只是自欺欺人的障眼法罢了。

何必执着于一点，因小失大呢？

英国小镇上有一位姑娘，她因左脸颊上长了一颗黑痣常常被同伴取笑，她也因此而郁郁寡欢。有一天，一位神父来到这座小镇，看见这位姑娘时，忽然兴奋地对她说，这颗痣是上帝给天使的记号。姑娘从那之后，就再也没因为这颗痣而感到羞耻，她积极乐观地面对生活。

事实上，什么都没改变，又似乎什么都变了。没改变的是事实，改变的是人的心态。

心态决定命运，同样决定你是否能抓住当下的幸福。

不要执着于无法改变的事实，抓住当下的幸福，你才能成为幸福的主人。

还在犹豫“二婚”能否幸福的人们，只是陷入了自我带入式的构想。看见别人二婚了，不幸福了，就觉得所有的二婚家庭都是不幸的。这只是狭隘的自造异端的想法。

婚姻是一门学问。许多案例说明，保证了婚姻不是二手货的夫妻，也同样会面临分手的结局。婚姻幸福的关键不在于婚姻是几手货，而在于你如何经营这段婚姻。

“二婚”这个标签摘不摘不重要，戴不戴才重要。

保持一个清醒自信的姿态，做个对幸福主动的人，那么你的婚姻只能是抢手货，没有其他可能！

幸不幸福跟“二婚”有关吗？

答案是——No！

异地婚姻是危险爆炸物，尽快解决才是办法

从异地恋到异地婚姻的转变，许多人步履迟疑，许多人后悔莫及。

一段异地恋或者异地婚姻能否持久，这其中存在许多不安定因素。

距离的确产生美感，但距离同样会制造不确定感。这种不确定感，令我们心中生出种种猜忌、怀疑。

异地感情的未来会如何？这是许多两地相恋的情侣都为之头痛的问题。

肖健来见我之前，已经做好了为异地婚姻做出妥协的决定。

肖健跟女友小雅从前是一个公司的同事，在公司的时候，两人只是关系比较好，并没发展成恋人。

一年前，肖健跳槽，去了某市的一家大公司。

在Q上碰到，两个人偶尔聊上几句，后来，两人经常搭档打网游。这样没多久，两个人就混得很熟，经常视频聊天，随便开玩笑，还互称老公老婆。肖健说，其实那时他对小雅还不算认真，没想到后来，两个人的感情会不可遏止地发展起来且一直持续到今天。

半年前，肖健参加原来公司的一位旧同事的婚礼，在婚宴上与小雅重逢了。见到肖健时，小雅冲过来抱住了他，在他耳边轻声唤了一句老公。肖健突然觉得心被什么撞了一下，非常幸福。那天，小雅与肖健正式确立了恋爱关系。

随后几个月里，他们经常在两人所在城市之间游走。旅途不远不近，坐客车要三四个小时。

肖健告诉我，相处后，他发现小雅有许多优点，她贤惠细心、温柔包容，只是在感情上对他有些过分依赖。每次幽会分开时，她都哭红了眼睛，肖健一看她那个样子心里就难受。

可是肖健不能放弃现在的工作，他刚得到老总的赏识，事业上才有起色，他怎么能再走回头路？于是，他想劝说小雅辞职，但就在这个时候他得知小雅怀孕了。肖健觉得，为了孩子，两个人应该马上结婚。

说到这里肖健的表情更加纠结：刚知道小雅怀孕，我心里既激动又不知所措。我是想跟小雅在一起，而且我们也有谈过结婚计划，可这个孩子来得太快，我还没准备好一切撑起一个家庭。但不管怎么样，我不想委屈了小雅。我清楚，我爱她。

可就是因为要结婚了，我和小雅才开始了无休止的争吵！

我说：到底怎么回事？

肖健叹气，接着说：我们双方父母都认为应该把婚事尽快办了。问题就出在买房的事情上。我的想法是，在我这个城市买，这样我上班不会受到影响，而且小雅已经怀孕了，我想，她应该辞掉工作，安心养胎，等生完孩子，再出来工作，岂不两全其美？而她坚持要在她的城市买，她说，她已经为我生孩子了，怎么还能为了我失去工作？她认为我太自私了！

不错，我是有些自私，但我也是从我们两人的利益出发，这样损失会更小。如果我辞掉工作，去她在的城市，那么我短期如果找不到工作，这个家就会面临很大的经济压力，而且，目前我的工资比她高出许多。

我问肖健：那后来房子的事情解决了吗？

肖健摇头：小雅执意要在她的城市养胎，而我确实舍不下现在的工作。就这样，我们冷战了，结婚的事也暂时放在一边。我们双方父母都催得紧，可我和小雅之间现在的情形实在难以把结婚提上日程。后来我想了一天一夜，最终决定，我跟她去她所在地城市结婚，重新开始事业。

说完这些，肖健大吐一口气。

我问肖健：小雅知道你的决定后，是怎样的反应？

肖健点头：她很高兴，也很感动。现在，我们正在筹备婚礼。虽然我舍弃了工作，但同时，我跟小雅的爱情也修成正果了。不管怎样，异地婚姻要冒的风险太大了，我和小雅都没那么自信能处理好。既然选择在一起，两个人必须有一个人做出牺牲，那么

由我来做，也没什么不可以。

我很认同肖健的做法，异地婚姻确实存在诸多隐患和危险。

一些问题一对夫妻如果处理得稍微有些不好，婚姻就会因此随时升级为易燃易爆的危险品。

当然也有少数人能够处理好异地婚姻关系，这其中的重点，还是要多沟通，多制造共处的机会和激情。这需要用心去解决和权衡许多事情和关系。

感情是一种动态介质，没有动作，停止动作，对于感情都是极其危险的。两个人之间确立一种感情关系，当距离成为其中的难题，就需要两人客观而理智地来处理。

的确，感情可以超越时空，但时空同样能够影响感情。

相爱可以是一个时段里的事情，婚姻却是一辈子的事情，那么，在短时期还未暴露出的问题，在今后的婚姻生活中，很可能就会成为一颗又一颗暗雷，千万不要轻视了。

嘘寒问暖，朝夕相伴，相看两不厌，是不能保证感情永远安全无虞的，更不用说处于异地的感情了，因为距离，其危险系数会成倍地增长。

我们要知道的是，在处理感情的距离感上，人多数总是被动的。生活中纷繁的问题，工作中超烦的事情，感情上空虚又寂寞，爱人不在身旁，曾经的亲吻或者拥抱的感觉，都需要你在心中思虑或回忆好久。

这时的当事人会觉得苦，觉得累，在脆弱时容易生出情感出轨的臆想，想以此来减少压力。这很普遍，后果却难以收拾干净。一旦你爱人察知，那么你们的感情很可能会走向尽头。

《诗经》里说，“所谓伊人，在水一方”。想想这情境就令人心生无限期望和怅惘，却也令情感可以维系绵长。

在我们身处的现代，伊人不只在水一方，而是伊人遍布四方，帅哥也满街放光。

如何稳定你的内心，不被诱惑主导，不被欲望扑倒，那还真需要你有一颗淡定从容、坐怀不乱的心。

不要说你也许是柳下惠重生，更不要说你是斩妖除魔正义化身的法海禅师，但凡无法超脱七情六欲的凡人，面对诱惑，心都是难免有所悸动。而悸动之后，采取行动的人却也不在少数。这时，不论你的行动是否付出了感情，都是对自己和对方的不负责任。

不要过分放大感情的力度而忽略了感情的密度，异地婚姻将面临的危险重重，你该尽快解决，不要贻误大局。

豪门是让你自豪，但是你得掂量一下自己的分量

平民女嫁给豪门少爷，白马王子迷上了灰姑娘，类似的情节被影视剧、言情小说用滥了，总给人感觉，仿佛富少满地跑，嫁入豪门的机会随处可找！

有些女孩子只要模样够俏，气质够好，就以为自己有可能成为豪门阔太。

确实，生为女子谁都希望自己嫁得好，嫁入豪门这种愿望也无可厚非。不管是豪门还是寒门，都是一桩婚姻，好不好关键在于你怎样去经营，能不能承担得起这段婚姻背后的责任，愿不愿意履行其中的义务。

文小姐跟我说，她最近跟富豪男友李先生分手了。她实在受不了富豪男友的自私、霸道、小气、对人苛刻、指手画脚！他简直把她当成了牵线木偶来指挥！

文小姐说：我只是演艺圈里的小虾米，运气不好的时候，就接接平面广告，偶尔运气好，演个小配角。在一次饭局上，我认识了他。当时我觉得他成熟稳重、气质儒雅，保养得极好，并不像40岁的样子。

那天，他给我们每人一张名片，我并没多想随手收了起来。没想到，他后来约会我。开始，我就觉得他不适合做男友，后来的几次约会，我都只是随意地敷衍他。

令我意外的是，他居然因为我一次次地拒绝认真了！

一天晚上，我和几个一起拍戏的演员唱K回来，我们刚坐上出租车，就被他的兰博迪尼拦在路上。他走过来一打开车门就伸手拉我。我当时喝了酒，有些醉醺醺的，就被他轻而易举地拖到了他的车上。他问我是不是欲擒故纵。我蒙了，根本不知道他在说什么。

随后，在车上，他强行跟我发生了关系。虽然那不是我的第一次，可我一直洁身自好，也许因为这个，我的演艺事业总是发展不起来。可我还想以后能正常地嫁人，我不想做一些让自己后悔的事情。

我把我的想法都告诉了他，希望他以后不要再纠缠我，我没那么想嫁入豪门，所以也没必要对谁欲擒故纵。那段时间，他突然消失了，我感到庆幸，同时也有种隐隐的失落。

后来莫名地，我的片约多了起来，而且片酬也比以往上了一个甚至两个档次，我觉得奇怪。一次偶然的机会，我才知道，原来是他在暗中做的手脚。那一刻，我真的很感动。有不少朋友劝我，有个富豪男友有什么不好?

是啊，有什么不好? 这么想想，我心里的虚荣心也膨胀起来了!

的确，嫁入豪门能让人感到很有面子。

想想这几年，事业上也总是磕磕绊绊毫无起色，身边的朋友相继都嫁人了，最终，我还是接受了他的追求。

当我还在憧憬以后的富太生活时，我和他发生了严重冲突。我们才交往一周，他就要求我停止拍戏，立即搬进他的寓所去住，而且为我请了专门的保姆、司机。他这样做其实是为了锁定我的行踪。

他还要求我尽快为他怀孕生子，随后他才会娶我。

我问他是怕我不能生吗? 他没有回答。但我清楚，他就是这个意思。

不仅如此，他还请了几个家教，让我学习法语、日语、德语，他还要我学会品尝红酒，认识瓷器，学习宴会礼仪。

我觉得，我简直成了他的小养女了!

我越来越无法忍受这样的生活，我提出分手，他试图挽留，可我还是离开了。

她问我：我这么做错了吗?

我告诉她：既然很累，很不适应就不要太勉强了。毕竟，嫁入豪门跟嫁入普通人家的标准是不同的。你在对待这份感情的时候，用看普通男人的标准来看你的富豪男友，这首先就错了。

有钱男人选择女人，不论是妻子、情妇，还是红颜知己，都有非常高的标准。而你能够入围，大概因为像你说的那样，你身处复杂的演艺圈，一直洁身自好，而且，你很低调，并不会抓住一次偶遇，就急忙找寻机会与他接触。

你说你不是那么想嫁入豪门这一点也正中了李先生的要害。有钱人虽然有钱，但他们即便不是白手起家，也会对生活消费有一个系统规制，他们不会娶一个用钱无度的拜金女。一般有钱人理解，想要嫁给他们的女人，大都是想随意挥霍金钱，过优渥生活。你的一句否定令他觉得你很符合做太太的条件。

我跟文小姐说了这些之后，文小姐不禁苦笑：我当时只是想拒绝他！那我岂不是躺着都中枪？

我笑着说：但是随着后来的了解，他发现你身上太多棱角需要打磨，还有太多地方需要提高，所以，他为你请了那么多家教。一般豪门选媳妇都有一整套条款的，第一条就是低眉顺眼。你看看你，人家让你学学语言，学学艺术修养，你都跟着急，这明显是违反了条款。

文小姐默默点头。

其实很多女孩子都应该清楚，豪门带来的不只是自豪，你还应该首先掂量下自己的分量。

你只看到享他人不能享的福，却没想到在这背后还要承受他人不能承受的其他。

所以，当你有了嫁入豪门的想法时，你要首先想想自己有几斤几两，能否应付得来“豪门”光环背后更多的实质问题。

高富帅的爱你能否接受，关键在于你自不自信

现在流行的择偶新标准，女找“高富帅”，男追“白富美”。

每个人都有每个人的择偶标准。而“高富帅”“白富美”这种外在硬条件之所以深入人心，主要是因为它很接近男男女女对梦寐以求的青年才俊和富家千金的想象。

意淫归意淫，幻想归幻想。当“高富帅”或者“白富美”向你暗送秋波，明里放电，或者你们发生了一段恋情之后，你是否有自信与他（她）步入一段婚姻?

小君给我的第一印象是很灵秀清美的女子，只是眼里满是忧郁。

小君说，她现在心情很乱，因为，她的男友居然向她隐瞒了“高富帅”的身份。她现在不知该怎么办!

我问小君究竟怎么回事，她想了想，随后开始了倾诉。

我跟他是在人才招聘市场认识的，当天我们公司对外招聘，那天我收到了他递上来的个人简历。后来我才知道，那份简历以及他的文凭都是假的！

他顺利地进入了我们公司，没多久，我发现他挺聪明的，能力很强，刚来公司不久就得到了老总的赏识。尽管如此，可他还是会问我一些很普通的问题，这令我觉得奇怪。

当所有人都看出他对我的心意时，我只是隐隐觉得他好像是喜欢我。感情方面，我一直很木讷，在大学里只谈过一次短暂恋爱。我刚一毕业就到这家公司才半年时间，男同事又都是三四十岁的已婚人士，接触异性的机会就更少了，所以，对于他的一些举动，我并没过多地往那个方向想，尤其是，他很英俊，我猜想追求他的女孩一定不少，我不知道自己有什么能够吸引他的。直到他表白那天，我才敢相信，他是真的喜欢上我了。

那天，刚巧是他正式转正的日子。他说要我一定答应跟他交往，这样也好“双喜临门”。其实我也挺喜欢他的，便不好意思地点头答应了。

自从跟他确定了恋爱关系，我完全被他宠成了小公主。他真是个完美情人，他会很多运动，打网球、篮球、乒乓球、保龄球，而我是个运动盲，他很有耐心地教我。他还做得一手好菜！

我生日那天，他带我去了乡下，为我捕捉了许多萤火虫，在榕树下他把亲手编织的花环戴在我头上，单膝下跪向我求婚。我没想到，自己过了 23 岁，还能拥有这样纯真的爱情。

我知道，自己已经完完全全地爱上他了。

接受他的求婚不久，他提出要带我去见他的父母。我心里十分紧张，因为交往这么久，我只去过他租住的公寓，还未去过他的家。他的家也在这个城市，只不过他习惯了独立生活，便从家里搬了出来。

令我意外的是，他家居然在这座城市最豪华的花园小区里。而他的父亲是省里的行政高官，他的母亲是某医院的副院长。

见到我的时候，我被他母亲问了许多私人问题，她的语气和表情都像是在审查犯人，令我浑身不舒服。听闻我父母只是普通工人，而我又是毕业于普通大学，他父母的神色变得更加严峻起来。

晚饭还未开席，突然又来了两个女孩子，打扮时尚，气质高雅，是他母亲的干女儿。他母亲在席间故意用英语跟她们交流，我英语虽然不算好，但也听得出她们在谈论一些我不懂的问题。交谈中，我还发现，原来他很早就去英国留学，回国后自己还开了公司，那天他出来应聘完全是为了打发无聊！

那晚，我心里一直盘踞着一个问题，他为什么要骗我?

他看出我生气，向我道歉，说他不是故意要隐瞒身份，他只是想谈一场真真正正的恋爱，是因为爱情而不是因为他良好的家世或者别的什么去谈恋爱。

我反问他，真真正正的恋爱需要欺骗吗?

他说，他很抱歉，但他是真的爱我，想娶我。我说，我配不上他，我没有跟他相称的家世，没留过学，不够漂亮，不够优雅，我做不了他的妻子！

我跟他的情绪都很激动，他不同意分手，可我除了分手想不到别的，他让我突然觉得好陌生！我不知道要怎么面对他了！

对于感情，我从没奢望太多，我只要一个真正爱我、能跟我过一辈子的人。

我不想要什么“高富帅”！

我问小君，是真的不想，还是不敢？

小君沉默。

姑娘，“高富帅”又不是什么洪水猛兽！

你爱他，就是你爱他！不管加上了“高富帅”，或者去掉了“高富帅”，你爱的都是他这个人！你不是不想要他这个人，你是不敢要！

我告诉小君，她的问题是她的过度自卑和对现实条件的过度看重。

被一位优秀的男生这样追求和爱恋，应该是所有女孩子的梦想。

我不认为有哪位姑娘会真心拒绝像这样的感情，因为不管她是白雪公主还是黑雪公主，都有对爱情的憧憬和对幸福的希冀。

在正视一段感情关系之前，请先正视你自己。如果你无法做到正视自己，那么迷失了自我认识的自己，你就会在这段感情中失去定力。于是如果遇见这么好的一个男生爱你，你就会怕！

可是，你真的有必要怕吗？

他父母对你有排斥，是因为你跟他们心中期许的不一样，这是很正常的反应。

一段感情能否有所成就，的确不只是两个人的事情，但这其中最重要的却还是你们两个人。没有一对父母不希望自己的子女幸福，他们暂时的无法接受，终会因为你们的坚持而改变。但这份坚持需要你们的真心相爱来获得。你想要放弃，并不能说明你不爱，而是你不敢爱了。

你的不敢，来自于你的介怀。

你不是在介怀他的隐瞒，而是在介怀他与你之间的现实距离。

现实是上帝放出的烟幕弹，用来迷惑我们自以为是的智慧。

像亲吻了青蛙的公主，最终嫁给了王子。而真相是，王子就是青蛙，青蛙就是王子。由人蛙相隔变为公主王子的金玉组合。所谓隔碍，不过一吻之间；所谓现实，不过云烟。

你与他之间不是隔着山、隔着海，而是隔着你不够强的自信心。你需要翻越的，需要攻破的，大部分是你自造的艰难幻象。

现实令人生畏，但只要你有自信，就必能打破现实的桎梏。而这个桎梏，就最真实地存在于你的内心。

没有内心的自由，你无法看清真实的自我，无法散发真正的自信。不要轻视自我，不要过分看重那些幸福的负累。

是的，你要走的幸福路不会是一条坦途，但不管是什么样的幸福，都不会是一条坦途，都会有各种需要处理和解决的问题。

关键在于，你敢不敢解决？你信不信自己？

PART 10 婚姻里的别扭事：结婚不是终点，是起点

老公的虚拟出轨，需看得清，更需认得清

小凡急三火四地来找我，见到我就抓住我的胳膊问我：怎么办？怎么办？

我将她按在椅子上，试图安抚她的情绪。

我说：你这么慌乱干吗？是被人追杀、劫财还是劫色？你该不是把色情狂引到我这里来了吧？

小凡被我说得哭笑不得，暂时收起了刚刚满地打滚求救的样子。

小凡是我的保险经纪人，我以前也曾为她做过几次心理辅导，我和她经常开玩笑说，我们俩算是“相互利用型”交情！

我记得小凡前段时间被单位派到外地进修，看她紧张的样子，我猜想，该不会是这次回来一场大搜查，真的搜出来什么了吧？

这么一问，还真被我言中了。

小凡拿出手机给我看照片，她说这些照片是她从老公手机里传过来的。

我看了一眼照片，忍不住笑了出来：你老公偷拍你啊！他居然还有这个怪癖！

小凡一脸愁容地看着我说：这照片上的女人并不是我！而且他拍这照片的日期正好是我在外地进修的那段时间！你说，这能没有问题吗？

我再仔细看看，确实，不注意还真看不出来！那照片里的女人跟小凡有七八分相似！

我说：你跟你老公因为这个吵架了？

小凡大叫：吵了！当然要吵！出轨，这可是很大的问题！我现在都不知道该怎么办好了！可他就是不肯承认出轨！

我说：你就因为几张偷拍的照片，就给你老公定罪了？你这个法官也太不专业了！

小凡苦恼：那还要怎么专业？

我问小凡她老公究竟怎么解释的，小凡说她老公的解释简直太不可思议了！

小凡结婚刚满一年，两人还处在甜蜜期。这个时候，小凡忽然被单位派到外地进修三个月。小凡虽然不愿意去，可是工作的事情，不能不服从。临走前两人依依惜别，小凡千叮咛万嘱咐地交代下来，路边的野花不要采！自小凡去了外地，两人白天偶尔电话，晚上上网视频聊天，每次都聊到半夜。

后来，小凡的事情多了，两个人就只有打电话发短信联系。

这段时间，小凡老公苦苦煎熬，每天吃完晚饭就去两个人经常去的公园、超市逛逛。有一天，无意中进了一家书店，令他吃惊的是，这书店的老板居然跟小凡长得非常相似。从那天起，每晚小凡老公都会去那家书店待一会儿，偶尔买几本书，其间就用手机偷拍了几张书店老板的照片。

小凡老公说，他从没对那个女人动过非分之想。他就是觉得她跟小凡长得很像，所以幻想她是小凡，来排解自己心里的相思之苦。

小凡认为她老公的这种解释纯属扯淡：你听听，有这么为自己出轨找借口的吗？难道找一个赝品就随便为自己的罪行开脱了？

我劝小凡冷静一下，如果她老公真的出轨了，那么为什么他还会选个跟她长得那么相像的出轨对象呢？这才叫不可思议呢！

小凡问，那难道他只是因为幻想症？

我告诉小凡，那也可以算是一种幻想症。

其实，小凡老公的这种虚拟出轨，是很正常的自我心理调解方法。这种虚拟出轨时常在一些行为和观念比较传统的男女身上发生。他们不能允许自己在感情上和肉体上有所背叛，但又在此时期，感情出现了很大的缺口，令他们身心都备受煎熬，于是，他们就找寻一个精神外遇对象，来为自己饥渴的精神“止渴”，以此来维持婚姻美满。

当你这杯“远水”解不了爱人的“近渴”时，你的爱人找了一个与你很相似的人，“望梅止渴”一下，其实也未尝不可。

当感情传递因时间空间受阻，相爱的两个人心里都会出现相对程度上的需求不满。这个时候，借助虚拟出轨来填满心理空缺，这种精神补偿法，只能算是一种对照思念式意淫。

身为设计师的小圆也同样发生过虚拟式出轨，而她的老公不但没因此大吵大闹，反而对她非常信任。

小圆曾跟我坦言，下班后她喜欢蹦迪、泡吧、唱K，放长假时她还经常跟驴友一起出去玩。她的朋友很多，而且以异性为主。她说，被那么多异性围绕的感觉非常好！可她并没有别的想法，让她再选一万次，她还是会选自己的老公，只有她老公才能给她最踏实的温暖和安全感。

而且最难得的是她老公对她的信任和开明。她老公鼓励小圆不要因为结婚了就放弃了个人爱好和独立自我。

两个人进入婚姻并非时刻相守在一起才能确保感情万无一失，时而放松下，出外透透气，也是给彼此一点私人空间，对夫妻感情反而有好处。

在现代婚姻生活中，虚拟出轨的发生概率越来越高。因为生活节奏的加快，工作压力的增大，城市娱乐生活的增加，交际范围的扩大，还有男女交往的自由度等方面的影响，使得那些选择走出婚姻寻找轻松、宣泄压力、倾诉烦恼的人越来越多。

聊天，喝茶，唱歌，跳舞，在婚姻之外寻找一种心理弥补，是现代婚姻生活中的一些人的做法。虚拟出轨在许多人眼里依然带着“犹抱琵琶半遮面”的朦胧神秘感，它被作为一种禁忌，不能对另一半坦承。

但是，能够随心所欲地在这种虚拟出轨中得到快乐的人并不多，因为有些人在经历几次虚拟出轨的体验之后，又会在冷静和反思中变得顾虑重重，总觉得自己有种罪恶感，而且一旦面对另一半，就总忍不住想要坦白。

就像小凡老公，被逼问了几句便都交代了。这种坦白当然是想减少个人的负罪感，但同时也会增加另一半的忧烦。小凡现在的状况正是如此。

虚拟出轨虽能对婚姻感情起到一定的调剂作用，但同样如果处理不好，就会给当事者带来烦恼。

另一方面，当事者如果沉醉于虚拟出轨的美妙幻想，将想象力作用于现实生活，就难免做出有违理智、损害婚姻的行为。

而将虚拟与现实混淆不清，造成了实质性的出轨，就如同有人用吗啡代替止痛药，如果上瘾了，可是伤人伤己的行为，就不好玩了！

美国专家荷尔茜在她的专著中说过："精神艳遇只应深植于内心的神秘花园，不妨以此为婚姻多增添一些浪漫的感觉吧。当你从精神艳遇中吸取到喜悦的果实，一定要把它的芬芳嫁接到实际的生活中，从而让你和另一半之间的亲密关系重获新生的活力。"

我们每个人都要对虚拟出轨做到适可而止，不要扩大到现实婚姻的领地之内。

当我们发现另一半发生了虚拟出轨时，就不仅要对爱人的虚拟式出轨看得清，更要认得清，再就此采取一定的补救和应对措施，抓住感情的空缺点，防患于未然。

用“小三”的套数，走佳妻的路

前几天去参加一个妇联搞的文艺晚会，没想到居然也遇见了熟人。

当陈太太拉住我时，我险些没认出她来。此时的陈太太，精致妆容，打扮入时，一身名牌，搭配得十分有范儿，用光彩照人来形容丝毫不过分。

我惊叹：陈太太，真的是你吗？两年前，你可不是这个样子！

陈太太说：如果我还是那个样子，你今天看见的就不是陈太太了！

我问：怎么了？

陈太太并不避讳地告诉我，她和她先生险些闹离婚！

陈太太在外企工作，工资高出陈先生许多。不过，作为妻子，陈太太一直相信自己先生的能力，觉得他有一天一定会打出一片天地。为了让陈先生专心工作，她几乎包揽了所有家务，家里家外不管大小事情都由她来处理。

半年后，陈太太怀孕，妊娠反应特别严重，干脆辞职在家养胎。孩子五岁时，陈先生已经做到了公司高层，陈太太提出重新出去工作，却被陈先生劝止了，他觉得家里一直由她照顾得很好，而且他一个人养家也并不吃力。

陈太太说：我一直觉得，为了他为了这个家我做出这么大牺牲，本该得到更多的爱，而他却居然跟别人玩暧昧。那次陪他去参加一个晚宴，或许是女人的第六感吧，我察觉到那个公司的公关经理对待我先生非常特别。

发现他们私下约会之后，我立即跟他摊牌，直截了当地问他是不是想跟我离婚。他说不是，他就是觉得每天看见我这个样子，很单调，很无趣，又说我整天不打扮，没有以前有气质了，他只是一时冲动，没抵挡住诱惑。他求我原谅，还说他以后不会再犯了。

听他这样说，我当时真的很生气。我单调！我无趣！我不会打扮！没气质！难道他忘了当初多少人排着长队追求我？！难道他忘了当初他是如何夸我漂亮的？

没想到，那个公关经理会来找我。她开门见山地告诉我，她不想破坏我的家庭，她当初离婚，就是因为“小三”插足，她知道幸福被毁掉的滋味。她跟我坦白，她接近我先生就是为了得到一些生意上的好处，而且她跟我先生在一起时只是聊天喝茶，没有做其他出格的事情。我问她跟我说这些是想证明自己很清白吗？她看了看我说，用她过来人的经验，她不过是善意地提醒我，女人不能把自己活成了保姆，任何时候不能忘了自己是女人。

说真的，虽然我心里有些恨她，但她说的话的确有道理。

我问陈太太：后来是如何改变的？

陈太太笑着说：我跟他进行了一次谈判！我把我每天在家里需要做的所有事情都列了出来，一共有几页纸那么多，我交给他看，要他选出一半他能够做的。必须选，不然，我们就离婚！

我提出维系这段婚姻的条件是，他与我以后共同分担这个家的义务，我将重新开始工作，至于孩子，我们两个人的薪水足可以请个保姆和家庭教师。

刚开始他还有些不愿意，但看我心意已决，他最后还是答应了。

但是后来，我在一家小公司做了不到三个月便辞职了。我决定自己搞个工作室，自己做老板。我的工作室一点点壮大起来，而我很快有了得力副手，把工作交给他们，我很放心。

我当然记得自己是女人，工作之余，我会去做美容和中医按摩，我还报了一个瑜伽学习班，我的身线也比以前更迷人了。

那段时间，我结识了许多生意上的朋友，有了一些应酬。这回轮到他不放心我了！想想，我心里还有些得意！好几次，他特地打来电话，问我具体位置，听出我喝醉了，还说一定要我等他来接。他果然大半夜地开车来接我。

那段时间，我们仿佛又找回了恋爱的感觉。他不管多晚回来，都会把我折腾醒，又是亲又是抱的，他还提出要我给他再生一个宝宝。

我故意气他，我说我才不要生呢！生完孩子就没魅力了，你又会嫌弃我了！

他说不会，他以后再也不会那么傻了！自己有个又能干又漂亮的好妻子，干吗去外面拈花惹草！

陈太太跟我说完这些时，非常开心地告诉我，她已经怀孕三个多月了。

我说：这次，你自己做了老板就不存在什么辞职问题了吧！

她说：没从这段婚姻里"辞职"，我才是最大的赢家！

我问陈太太从这次风波里得到了什么启示，她想了想告诉我：要用"小三"的套数，走佳妻的路。

想想这话，的确很有道理。

一对夫妻由新婚甜蜜期到熟稔期，彼此的神秘感和好奇感都会消失，这时如果不悉心维护，爱的激情就很容易随之消逝，这是十分危险的。

当两人在婚姻之内，不再能感受到心的悸动，又不能背叛婚姻，那么彼此该怎么办？

在平淡的生活中寻找些浪漫点缀，这需要两个人的合作。

不想让女人变成没品没貌的黄脸婆，男人就得多用用心，多动动嘴，帮爱人减负，给爱人多点提示，或者主动帮她做出改变。

而女人呢，想抓住男人的心，就先保证抓住男人的眼球。

不要忘了男人是视觉刺激型动物，再有内涵再有身家的男人，对女人的兴趣，都是从视觉外观开始。如果你整天一身保姆装，那么不要期待男人会真心为你倾倒！你再带着一身葱花味扑过来，恐怕他连扑倒你的兴味都会降低到零点！如果男人还能对你有兴趣，那除非你的保姆装是三点式的，还要求你的身材条件真的过硬才行！

就像经典的香港喜剧片《家有喜事》中吴君如扮演的程大嫂，不懂打扮，只知道料理家务，伺候公婆，终被大哥嫌弃，东窗事发，两人离婚。后来，恢复单身的程大嫂，重新找回自己，变成了魅力十足的尤物，才令大哥心生悔意，重新展开追求。

女人应该活得像女人，男人才能更像男人。

你要得到男人更多的爱，就要记得保持身为女人的心态。

男人回到家里，希望得到的是安稳平静。但这份安定感也会令人倦怠，他会忘记妻子也是女人。男人对妻子少了兴趣，狩猎的眼光转向了婚姻之外，婚姻不出事才怪呢！

以主动攻势把握幸福，才不会沦为被害者。学学“小三”的套数，给彼此一点新鲜感和紧张感，提升婚姻的性感指数，你会是个令他又爱又恨的佳妻尤物。

钱等于权，没有挣钱能力，你就只是个宠物

小雨来找我时，脸上还留着泪痕。

小雨告诉我，她想离婚！

我问小雨：是不是你先生有外遇了？

小雨摇头：并不是因为外遇，而是他根本没把我当成妻子！结婚三年了，他从来不让我插手经济！当初为了孩子，我没出外工作，现在我没有收入，他一个人的收入是家里的所有经济来源。他辛苦我能理解，可作为妻子，我也有照顾孩子和老人，我对家里的经济情况应该了解，可他却丝毫不给我机会。

我问小雨：有没有试过跟先生沟通一下。

小雨摇头：没用的。他每天忙到很晚才回来，回来后，洗了澡倒头便睡。我打他电话想好好谈谈我们之间的问题，他总是很忙，没说几句，便挂电话。我给他写E-mail，发短信，甚至往他口袋里塞纸条，希望探讨我们的问题，可他从没回应过。

有一天，我问他是不是不爱我了，他摇头否认。他说他就是要给我和宝宝一个美好未来，才会这么拼。可他就是不让我知道，我们家现在有多少存款！我每次出外花销都要对他报账，甚至我去超市买一袋卫生巾，他也要清楚。

而在经济上，他却对自己非常大方。比如，那次大学同学聚会，全部开销都是他一人买单。他说，这是为了显示下他现在的身家不同了！还有一次，他表妹从国外回来，在珠宝店看中一条卡地亚限量版项链，他问都没问我，就买下送给表妹了！

那次，花园栅栏坏了，我找工人来修，说好的价钱临时有了变化，多了几百块的开销，可我还要打电话向他请示。

他像是很会用经济来制衡我跟他之间的关系，每次我不高兴，他就买很贵重的礼物送我，哄我开心。我也知道他为了这个家经常飞来飞去，很辛苦，就不忍心多计较了。可我心里就是不舒服，总觉得这样的婚姻关系，跟外面那些有钱老板花钱包二奶没什么区别。

前几天，我父母打来电话，说他们的老房子搬迁，想跟我借用几万块。我父母一辈子都很要强，我记得小时候，生活最困难的时候，他们都很少跟人开口借钱。现在，他们能跟我开口，一定是有很大的难处。

我把我父母的事情跟他说了，结果他只拿出五万块。我问他，是心里不舍得还是怕我父母不还？

我说我给你打借条好吧，看我在白纸上写，甚至按下红手印，他居然没做出一点阻止的动作。

当接过那张十万元支票时，我的整颗心都凉了！

回想当初，我跟他在大学里相恋三年，毕业时，不得不分手。那时，我父亲已经托人帮我找了一份稳定的文职工作。是他千里迢迢来找我，求我嫁给他。

为了跟他在一起，我舍弃了父母，舍弃了工作，跟他来到这个陌生城市。我把所有美好的都给了他，我全身心都为着他！我父母现在有困难，我想帮他们一把，他却这样吝啬！

我觉得他根本没把我当成爱人！他已经不爱我了！我只不过是一个为他生儿育女照顾老人的用人加宠物！我对他简直失望透了！

小雨说完这些，已经哭得泣不成声。

从小雨的讲述中不难看出，他们之间出现这样的情形，不是他们的爱情出现问题了，出现问题的是他们的婚姻关系。

首先，我们应该清楚，爱情与婚姻是不同的。

爱情究其根本属于精神范畴的概念。一对男女从相遇相知再到相恋、组成家庭，这期间考虑的主要问题是对方爱不爱我，我爱不爱对方，而一旦两人步入婚姻，主要内容就变为如何支撑这个家庭，如何维护夫妻关系。

婚姻生活是一定会跟经济基础、物质条件挂钩的。

我们每日的衣、食、住、行各方面，都与钱分不开。两个人对当下生活条件的要求、将来的生活畅想，常常都会以金钱作为衡量标准。

那么，一对夫妻在赚钱方面，如果出现了一方独撑场面，另一方成为经济承接者，这种“经济供给式”的婚姻关系在协调和维护时，就常会出现如小雨身上发生的这种情形。

你会问，不是因为相爱才结合的吗？既然结合了，婚后所有的都是两个人的，还分什么彼此？

这完全是爱情切入法的观点解释。

从婚姻切入法的观点解释来看，假如男方作为家里的唯一经济支柱，女方完全没有收入，在家庭生活的决定权方面，女方就会呈现一种劣势。

而赚钱的男方，在给予爱人物质金钱的时候，久而久之会形成一种养尊的思维模式。就是他认为自己有赚钱能力，那么在支配金钱上，他本身应该有最大的决定权，他甚至可以忽略掉另一半的想法。因为在他的心里，家里的一分一毫都是他个人辛苦赚得的，花多少需要跟你商量吗？赚多少有必要让你知道吗？

这样的他只专注于这个家庭经济脉络的表象体现，而忽略了你在他背后为家庭为他所付出的辛劳。他也忘记了，你作为另一半本该有知道家庭经济收支情况的权利。

而且，他还会习惯用一种赚钱能力来衡量他对财产的支配能力和解决问题的能力。

他觉得你没有赚钱能力，那么如何消费，如何解决问题，你也不会很在行，所以他需要对你如何运用金钱，还有你在解决家庭的其他事情上，全程规划和监控。而这就会上升为对你本人能力的狭隘判断。

你的爱人并非不爱你了，而是忽视了你的付出，轻视了你的能力。在婚内的关系里，他把自己放在了供你仰视的角度，希望你能够都听他的，这样才不会出乱子。

事实上，你并非没有赚钱能力，你为家庭付出那么多，你也更不是没有解决问题的能力。

那么，为什么你不走出家庭，重新施展自己的能力，在一个他认为的经济概念下证明能力，来获得婚姻内的平等席位?

即便在古代，男耕女织也是各有分工。你在家里照顾孩子老人，这的确也是你的工作，但如果不能在经济上体现出来，你就会在婚姻关系中处于一种被动境地。

爱情并不是势利的，只是婚姻关系往往会呈现出一种势利。

在婚姻之内，男女总是为你说的算还是他说得算诸如此类的问题纠结争吵。

无论哪一方成为了家庭的唯一经济来源，那么这个人就会连争吵都省下了！他（她）会带着“唯我独尊”的优越感，在婚姻关系中占据主导地位。这样夫妻关系当然就不会协调！

女人最好的状态是，赚一些钱，有人爱。

婚姻里，赚钱能力并不是你的绝对武器，但却是你不能没有的护身符。赚钱能力多寡不重要，重要的是，你至少能够拥有一个独立的人格。

套用《资本论》中的一条理念——经济基础决定上层建筑，经济基础同样决定你们的婚姻关系。

靠女人养家的男人要不得，但也不要去做一个完全靠男人来养的女人。

当然，在当今社会，女人在经济上未必就是弱者。

现在不是还流行一句“姐赚钱养家，男人在家看孩儿”的话吗？

不管是男主内还是女主内，夫妻双方都要明白，没有赚钱能力就等于失去婚姻关系里的权力。

要做婚姻的主人，就要先做自己钱包的主人。

不沦为另一半豢养的宠物，他的宠爱才不会只是他高高在上对你的“宠”，还有更多的是平等的“爱”。

对方一时被噎住了，像遭遇了“真相帝”

我的某位男同学最近总是跟我抱怨他的爱妻有事没事就跟他吵，几乎是“三天一小吵，五天一大吵”，有时还伴随着锅、碗、瓢、盆协奏曲，杯子、勺子、鞋子三重唱！加之爱妻从前学过声乐，那声音是相当曼妙高亢，吵到兴头上，简直可以跟歌唱家唱《青藏高原》相媲美！他痛苦地跟我形容，河东狮吼什么样，他老婆就什么样。

曾经有过几次同学聚会，男同学携爱妻前来。

爱妻身着一身赫本装，精致妆容，笑容温婉大方，说起话来，温声暖语，让人听着从心底里感到舒坦。与我们说话时，她脸上始终带着微笑，张口闭口地“请”字开头，真是浑身淑女范。

那天，我具体问了下男同学，究竟是什么问题令他的爱妻常用爆破音与他对话。

男同学想了想，表情略带尴尬，说都是一些鸡毛蒜皮的小事。

比如，皮鞋没擦；一周都系同一条领带；下班回来时，忘记吻她；买错了她喜欢的香水。

随后，我问他，婚前是否不擦皮鞋。他摇头。我又问他，婚前是否一周只系一条领带。他依然摇头。我又问他，婚前每次见面，是否会忘记吻她，是否会记错她喜欢的香水品牌。他又摇头。

最后，我问他，邻居同事对他爱妻的评价如何。

他说评价很高，都说她贤惠能干，对人和气，又乐于助人，从不斤斤计较。

这就对了嘛！

他苦恼，婚前，爱妻对他可不这样！

我笑，当然不会这样！因为你婚前也没暴露这么多缺点嘛！

其实，我的这位男同学和爱妻间的争吵现象，是婚姻内两性关系中最常见的现象。

一对男女从相识到相恋，再走到红毯那一端，相互牵着对方的手，互换婚戒，深情对望，成为彼此相携终生的 only one。

这个过程，从婚前恋爱的青涩期到甜蜜期，再到婚初的半成熟和成熟两期，愈发熟烂，就愈会给彼此一种熟视无睹的轻松随意感。

在恋爱时，男女都喜欢保持着镜花水月的梦幻美，美妙得不真实，鼓动着心心相惜的荷尔蒙一路攀升，将两人紧紧捆绑在一起，分都分不开。

这期间，男与女都保持着心动距离，不让对方看见自己的太多瑕疵，尽量保持着对方希望的样子。

男人负责风流潇洒，女人负责美貌如花。

一旦进入婚姻之后，男女之间的距离无限接近，镜花水月的梦幻被放置在现实生活的这只玻璃器皿之中培植、实际操作中，沾染了各种各样的现实杆菌，原先的爱情蛋白因此就会发生畸变，继而培育出一个奇异的物种。

这个物种比四不像还四不像。你说，它是爱，它又带着怨意；你说它是怨意，它又间或掺杂着疼惜；你说它是疼惜，可它又时而刁难你；你想对它发狠，它却令你舍不得下手；你想改造它，它又跟你拧着劲地造反。

可怕的是，两人都没意识到，这就是婚姻生活的本来面目。

再看看彼此。

起初，男人的风流潇洒变成了疯子阿傻，女人的美貌如花变成了美貌如瓜。

这并非说明你们的爱少了一点又一点，只能说你们的伪装少了一块又一块。

婚前，你们把彼此忽悠得月朦胧鸟朦胧；婚后呢，生活大妈向你们摊牌，让你们看到了原先美轮美奂的 B 面。这 B 面的内容可一点都不朦胧，甚至具体到一顿早餐，一双袜子，一次聚会，一个眼神，一句埋怨。

婚姻不是美轮美奂的梦境，更非莎士比亚的戏剧，而是一场实实在在的烟火。

男与女周转在烟火生活中，都早已褪却了完美外衣，露出一身可圈可点的“真我本色”。

这烟，这火，来自外界，也来自内界。

女人会抱怨男人的职位停滞不前，男人会讥笑女人的腰围体重一路上窜。

男人婚前伪装成“灰太狼”，婚后真相完全暴露，成了“懒羊羊”。而女人婚前是贤良淑德的“白娘子”，婚后成了凶神恶煞的“母夜叉”。

女人会为了一只穿破洞的袜子跟男人吵上半天，男人会为躲避女人追查在网吧玩一夜网游。男人会觉得女人虚荣、啰唆、肤浅，女人会觉得男人没银行的 ATM 机靠谱。

婚姻中最可怕的就是惰性。你在习惯中懒惰、放纵、忽略，这是最最不容忽视的问题。

如果婚姻是一株植物，你的恶习就必然会导致它产生坏死细胞，令你们的婚姻出现慢性萎靡。

如果你依然爱对方，依然爱这个家，那么就考虑下他（她）的感受吧，适当地调整下自己的状态，令婚姻更赏心悦目一些。

但要记住，婚姻是两个人的事情，调整与检讨也是两个人的事情，就如同争吵需要互动。有了互动，婚姻的许多事情就好办多了。

数，而不是绝对杜绝男人的应酬。

女人对自己的男人总是恨铁不成钢，发现他的毛病，就恨不能一下子把他清理干净！

有的女人埋怨男人嗜酒，就发誓要把男人的酒瘾一个月戒掉！唉！不会喝酒的人不清楚，戒酒的感觉好辛苦！一个月戒掉，男人会觉得你跟他有仇，你想杀他灭口！

还有女人讨厌男人抽烟，就颁布禁烟令，把男人的所有存粮都给剿灭了，简直比当年林则徐虎门销烟还果决！

这样的严厉肃清，永远肃不清，反而会激起男人的反感和敌对情绪。

循序渐进，适可而止，记住温柔提醒，外加崇拜着指责，你用蜜糖裹着的子弹打击对方，对方才更能容易接受。

你照顾下男人体内的主导基因，你也体会下女人的占有快感，见好就收吧。

别太拿“改造”当饭吃。

婚姻生活的幸福标的，并不在于你如何改造另一方，更不在于改造生活。

改造是个血淋淋的词，一点都不温馨，而且也有悖现实。

人生不过短短几十年，我们能够努力做到的其实并不是多么大的工程与变革，只是改良。

改良彼此，改良生活现状，改良欠缺协调和默契的感情关系。

其实，你我，只要能做到改良，就已经是幸福的了。